"一带一路"列国人物传系

东帝汶8人传
追求自由之国

唐 迪 刘铨臻 赵 玲 ◎ 编著

五洲传播出版社·北京
China Intercontinental Press

图书在版编目（CIP）数据

东帝汶8人传：追求自由之国 / 唐迪，刘铨臻，赵玲编著. -- 北京：五洲传播出版社，2024.9. -- ISBN 978-7-5085-5253-8

Ⅰ. K833.46

中国国家版本馆CIP数据核字第2024U15D16号

东帝汶8人传：追求自由之国

编　　著：	唐　迪　刘铨臻　赵　玲
出 版 人：	关　宏
责任编辑：	梁　媛　侯琴雅
装帧设计：	山谷有鱼
出版发行：	五洲传播出版社
地　　址：	北京市海淀区北三环中路31号生产力大楼B座6层
邮　　编：	100088
发行电话：	010-82005927，010-82007837
网　　址：	http://www.cicc.org.cn，http://www.thatsbooks.com
印　　刷：	北京市房山腾龙印刷厂
版　　次：	2024年9月第1版第1次印刷
开　　本：	32开
印　　张：	7.5
字　　数：	105千字
定　　价：	49.80元

《"一带一路"列国人物传系》编辑委员会

指导单位： 中国文学艺术界联合会
中国社会科学院国家全球战略智库

编委会： 主　任：王　丽
副主任：唐得阳　王灵桂

委　员： 丁闻琦　丁　超　于　青　于福龙　马细谱　王成军
王　丽　王灵桂　王建沂　王春阳　王郦久　王洪起
王宪举　王　渊　文　炜　孔祥琇　石　岚　白明亮
冯玉芝　成　功　朱可人　刘　文　刘思彤　刘铨超
安国君　许文鸿　许烟华　孙钢宏　孙晓玲　苏　秦
杜荣友　李一鸣　李永全　李永庆　李垂发　李玲玲
李贵方　李润南　李嘉慧　余志和　宋　健　张　宁
张　敏　陈小明　邵诗洋　邵逸文　周由强　周　戎
周国长　庞亚楠　胡圣文　姜林晨　贺　颖　贾仁山
高子华　高宏然　唐岫敏　唐得阳　董　鹏　韩同飞
景　峰　程　稀　谢路军　翟文婧　熊友奇　鞠思佳

支持单位： 中国社会科学院俄罗斯东欧中亚研究所
北京融商一带一路法律与商事服务中心

人物画像： 吴泽浩

法律顾问： 北京德恒律师事务所

总　序
群星闪耀"一带一路"

"2100多年前，中国汉代的张骞肩负和平友好使命，两次出使中亚，开启了中国同中亚各国友好交往的大门，开辟出一条横贯东西、连接欧亚的丝绸之路。"[1] 2013年9月7日，中国国家主席习近平在哈萨克斯坦纳扎尔巴耶夫大学发表演讲，以博古通今的睿智对大学生们娓娓道来丝绸之路古老而年轻的故事。

"我的家乡陕西，就位于古丝绸之路的起点。站在这里，回首历史，我仿佛听到了山间回荡的声声驼铃，看到了大漠飘飞的袅袅孤烟。这一切，让我感到十分亲切。哈萨克

---

[1]《习近平谈治国理政》，外文出版社，2014年10月第1版，第287页。

斯坦这片土地，是古丝绸之路经过的地方，曾经为沟通东西方文明，促进不同民族、不同文化相互交流和合作作出过重要贡献。东西方使节、商队、游客、学者、工匠川流不息，沿途各国互通有无、互学互鉴，共同推动了人类文明进步。""不同种族、不同信仰、不同文化背景的国家完全可以共享和平，共同发展。这是古丝绸之路留给我们的宝贵启示。""为了使我们欧亚各国经济联系更加紧密、相互合作更加深入、发展空间更加广阔，我们可以用创新的合作模式，共同建设'丝绸之路经济带'。"[1] 推己及人，高瞻远瞩，引领时代，习近平主席在阿斯塔纳[2]通过哈萨克斯坦人民，首次向世界发出了让古老的丝路精神再次焕发青春和光彩的时代宣言。

2013年10月3日，习近平主席在印度尼西亚国会发表了题为《共同建设二十一世纪"海上丝绸之路"》的演讲："东南亚地区自古以来就是'海上丝绸之路'的重要枢纽，

---

[1]《习近平谈治国理政》，外文出版社，2014年10月第1版，第287、288、289页。

[2] 哈萨克斯坦新首都名称。

中国愿同东盟国家加强海上合作，使用好中国政府设立的中国—东盟海上合作基金，发展好海洋合作伙伴关系，共同建设21世纪'海上丝绸之路'","发挥各自优势，实现多元共生、包容共进，共同造福于本地区人民和世界各国人民"。[1]这个倡议和9月7日的演讲异曲同工、遥相呼应、互为映衬，完整地提出了"丝绸之路经济带"和"21世纪海上丝绸之路"的宏伟构想。

从广袤的亚欧腹地哈萨克斯坦到风光旖旎的印度尼西亚，习近平主席提出的"丝绸之路经济带"和"21世纪海上丝绸之路"吸引了世界各国的目光。从2013年9月至2016年8月，习近平主席出访37个国家（亚洲18国、欧洲9国、非洲3国、拉美4国、大洋洲3国），对"一带一路"倡议的总体框架和基本内涵作了充分阐述。和平合作、开放包容、互学互鉴、互利共赢的丝路精神，共商、共建、共享的合作理念，驱散了"去全球化"的阴霾，为增长低

---

[1]《习近平谈治国理政》，外文出版社，2014年10月第1版，第293、295页。

迷的世界经济注入新的动能。各国纷纷将本国经济发展与中国政府制定的《推动共建丝绸之路经济带和21世纪海上丝绸之路的愿景与行动》规划相衔接。"一带一路"倡导的政策沟通、设施联通、贸易畅通、资金融通、民心相通等"五通",正在以基础设施、经贸合作、产业投资、能源资源、金融支撑、人文交流、生态环保、海洋合作等为载体和依托,在全球掀起了投资兴业、互联互通、技术创新、产能合作的新势头。2016年中国牵头成立有57个成员国加入的亚洲基础设施投资银行(AIIB),2017年3月23日迎来13个新伙伴。孟加拉配电系统升级扩容项目、印尼全国棚户区改造项目、巴基斯坦国家高速公路项目和塔吉克斯坦杜尚别至乌兹别克斯坦道路改造项目已经获得亚投行金融支持,共商共建成为现实。

"一带一路"倡议得到国际社会的热烈响应。2016年11月17日,第71届联合国大会193个成员国一致赞同,通过了第A/71/9号决议,欢迎"一带一路"倡议,敦促各国通过参与"一带一路",呼吁国际社会为开展"一带一路"建设提供安全保障环境。2017年3月17日,联合国安理会全票赞成，一致通过第2344号决议，呼吁国际社会凝聚援助阿富汗共识，通过"一带一路"建设等加强区域经济合作，敦促各方为"一带一路"建设提供安全保障环境。

2017年1月，习近平主席在联合国日内瓦总部发表题为《共同构建人类命运共同体》的重要演讲，全面深入系统阐述人类命运共同体重大理念，在国际上引起热烈反响，受到各方普遍欢迎和高度评价。3月23日，联合国人权理事会第34次会议通过关于"经济、社会、文化权利"和"粮食权"两个决议，决议明确表示要通过"一带一路"建设"构建人类命运共同体"。这是人类命运共同体重大理念首次载入人权理事会决议，标志着这一理念成为国际人权话语体系的重要组成部分。2017年5月，北京喜迎来自"一带一路"相关国家的元首、政府首脑、前政要，以及国际组织负责人，还有专家学者和知名企业家等各界代表上千人，出席"'一带一路'国际合作高峰论坛"，共商沿线各国之合作共赢大计。

"一带一路"不是中国的独角戏，是与亚、欧、非洲及世界各国共同奏响的交响乐。中国恪守联合国宪章的宗旨和原则,坚持开放合作、和谐包容、政策沟通,培育政治互信,建立合作共识,协调发展战略、促进贸易便利化及多边合作体制机制。中国携手100多个国家和地区,依托国际大通道,以陆上沿线中心城市为支撑,以重点经贸产业园区为合作平台,共同打造新亚欧大陆桥、中蒙俄、中国—中亚—西亚、中巴、孟中印缅、中国—中南半岛等国际经济合作走廊进展顺利,中欧班列在贸易畅通上动力强劲,风景亮丽;以海上重点港口为节点,共同建设通畅安全高效的运输通道,实现陆海路径的紧密关联和合作,太平洋、印度洋、大西洋上巨轮往来频繁,不亦乐乎。亚太经合组织、亚欧会议、大湄公河次区域合作等有关决议或文件,都体现了"一带一路"建设内容。丝路基金、开发性金融、供应链金融汇聚全球财富,建设绿色、健康、智慧与和平的丝绸之路,增进各国民众福祉。

"一带一路"是人类历史上从未有过的恢宏蓝图,也是横跨亚非欧连接世界各国的暖心红线。"丝绸之路经济带"包括中国经中亚、俄罗斯至欧洲(波罗的海),中国经中亚、西亚至波斯湾、地中海,中国至东南亚、南亚、印度洋;

"21世纪海上丝绸之路"包括从中国沿海港口过南海到印度洋,再延伸至欧洲和到南太平洋。一路驼铃声声、舟楫相望,互通有无、友好交往。

在新的时代,在创新古丝路精神的伟大进程中,习近平主席专门缅怀丝路开拓者,特意致敬古丝路精神奠基人:"我们的祖先在大漠戈壁上'驰命走驿,不绝于时月',在汪洋大海中'云帆高张,昼夜星驰',走在了古代世界各民族友好交往的前列。甘英、郑和、伊本·白图泰是我们熟悉的中阿交流友好使者。丝绸之路把中国的造纸术、火药、印刷术、指南针经阿拉伯地区传播到欧洲,又把阿拉伯的天文、历法、医药介绍到中国,在文明交流互鉴史上写下了重要篇章。千百年来,丝绸之路承载的和平合作、开放包容、互学互鉴、互利共赢精神薪火相传。"[1]这种吃水不忘挖井人的情怀,再次展现了中华民族不忘历史、纪念先贤、展望未来的优秀文化基因,也为中国传记文学学会参加"一带一路"建设指明了方向和道路。

---

[1] 习近平:《弘扬丝路精神 深化中阿合作——在中阿合作论坛第六届部长级会议开幕式上的讲话》,《人民日报》2014年6月6日。

在古老的丝绸之路上，我们不曾相忘：张骞出使西域到过的哈萨克斯坦，山高水长的好邻居巴基斯坦，双头鹰下横跨欧亚之国俄罗斯，草原之国蒙古，喜马拉雅浮世天堂尼泊尔，菩提恒河保佑之国印度，文化瑰宝伊朗，首创法典之国伊拉克，红海门户之国也门，石油王国沙特阿拉伯，波斯湾明珠巴林，雪松之国黎巴嫩，海湾之秀科威特，沙漠之巅阿联酋，半岛明珠之国卡塔尔，波斯湾霍尔木兹海峡守门人阿曼，万湖之国白俄罗斯，欧亚十字路口土耳其，流着奶和蜜之地以色列，欧洲粮仓乌克兰，亚平宁半岛上的文化巅峰意大利，阿尔卑斯之巅的瑞士，玫瑰之国保加利亚，与灵魂对话的思辨之国德意志，欧洲文化殿堂法兰西，欧洲客厅比利时，郁金香之国荷兰，热情如火的西班牙，还有绅士国度英国，北非金字塔之国埃及，非洲屋脊奉马蹄莲为国花的埃塞俄比亚，香草大岛之国马达加斯加，等等。

沿着海上丝绸之路，我们会领略丛林花园之国马来西亚，花园国度新加坡，千岛之国菲律宾，赤道翡翠之国印度尼西亚；沿澜沧江一路南下，我们不曾相忘澜湄泽润之国越南，千佛之国泰国，高棉的微笑之国柬埔寨，万象之都老挝，印度洋上明珠之国斯里兰卡，印度洋上的明星和钥匙毛里求斯，堆金积玉之国文莱，追求自由之国东帝汶，印度洋世外桃源马尔代夫，骑在羊背上的国家澳大利亚，上帝的后花园新西兰，等等。

"一带一路"沿线国家里，那些千百年来影响了人类与国家、民族命运并与中国曾经有过交往的古今人物，至今还能在教科书、影视剧里看到他们，还能感受到他们在一代一代年轻人身上所生发的影响和魅力。

当然，对于中国人来说，更为熟悉的是丝绸之路的开拓者。曾记否？丝绸之路开拓者中，有汉武帝和他的使节们，有首开大唐盛世的唐太宗及其无数臣民，有再续睦邻通商航海路的宋祖朝廷和无数先贤，还有金戈铁马风漫卷的元代人物，一统江山万里帆的明代人物，环球凉热自清浊的清代人物，东西碰撞溅火花的近代人物，经受风雨变迁、勇立海国之志的现代人物，更有丝路明珠敦煌莫高窟的守护者，卫国助邻的将军和通司中外的外交家们。当然，数风流人物，还看今朝，我们不能不浓墨重彩地讴歌那些智通商海，投身到新丝路建设中的当代人物。

耕云播雨，香火延续，智慧传承，历史再续！2100多年的友好交往历史从未隔断，惠及三大洲的中西交通从未停歇，21世纪的"中国梦"和"世界梦"汇成了人类命运共同体的时代和弦，响彻在"一带一路"辽阔的长空。也正因如此，在2023年的金秋时节，习近平主席同来自五洲四海的新老朋友相聚北京，共同出席第三届"一带一路"国际合作高峰论坛。世界的目光再次聚焦北京、聚焦中国。10年来，在各方的共同努力下，共建"一带一路"从中国倡议走向国际实践，从理念转化为行动，从愿景转变为现实，从谋篇布局的"大写意"到精耕细作的"工笔画"，取得实打实、沉甸甸的成就，成为深受欢迎的国际公共产品和国际合作平台。"一带一路"合作从亚欧大陆延伸到非洲和拉美，150多个国家、30多个国际组织签署共建"一带一路"合作文件，举办3届"一带一路"国际合作高峰论坛，成立了20多个专业领域多边合作平台。[1]这是中华

---

[1]《习近平在第三届"一带一路"国际合作高峰论坛开幕式上的主旨演讲（全文）》，2023年10月18日，https://www.gov.cn/yaowen/liebiao/202310/content_6909882.htm。

民族和世界历史上都应该铭记的大日子。

"一带一路"沿线国家拥有各自悠久的历史和丰富的文化传统，从古到今，涌现出了许多令人钦佩的人物，他们的成就在促进不同文化之间的民心相通方面发挥了重要作用，他们的贡献有助于加深各国人民之间的理解和合作。以人物传记写作为己任的中国传记文学学会，在"一带一路"倡议实施中，肩负"讲好'一带一路'民心相通好故事"的使命和责任，这也是国家赋予我们的根本职责和任务。在中国文学艺术界联合会的领导下，在中国社会科学院国家全球战略智库指导下，中国传记文学学会以赤诚的家国情怀、强烈的时代精神、为人物传记的责任担当，在认真调研、周密谋划、精心组织基础上，毅然决定倾注全力组织编写、筹资出版"'一带一路'列国人物传系"。此皇皇百卷传系讲述近千名各国卓越人物故事，集数百位专家作家尽心挥毫，冬去春来，夜以继日……幸得各界人士倾力赞助，又得中国出版集团公司华文出版社、当代世界出版社、五洲传播出版社出版发行。于是，各位读者得以读到手中的这套活泼而不失厚重、有趣而不失学养的列国人物合传书卷。

孔子曰："仁者，人也。"让各国的先贤智者的思想光辉，照亮我们探索人类未来的道路。

传记明志，落笔为文，是为总序。

中国传记文学学会会长

"'一带一路'列国人物传系"编委会主任

王丽 博士

2023 年 10 月 18 日

Introduction: The Star-studded "Belt and Road"

On September 7, 2013, Chinese President Xi Jinping delivered a speech at Kazakhstan's Nazarbayev University, telling college students the ancient yet up to date stories of the Silk Road with well-versed wisdom.

"More than 2,100 years ago during the Han Dynasty (206 BC-220AD), a Chinese envoy named Zhang Qian was sent to Central Asia twice on missions of peace and friendship. His journeys opened the door to friendly contacts between China and Central Asian countries, and started the Silk Road linking east and west, Asia and Europe.

Shaanxi, my home province, is right at the starting point of the ancient Silk Road. Today, as I stand here and look back at that history, I seem to hear the camel bells echoing in the mountains and see the wisp of smoke rising from the desert, and this gives me a specially good feeling.

Kazakhstan, located on the ancient Silk Road, has made an important contribution to the exchanges between the Eastern and Western civilizations and the interactions and cooperation between various nations and cultures. This land has borne witness to a steady stream of envoys, caravans, travelers, scholars and artisans traveling between the East and the West. The exchanges and mutual learning thus made possible promoted the progress of human civilization." [1]

"Countries of different races, beliefs and cultural backgrounds are fully able to share peace and development. This is the valuable inspiration we have drawn from the ancient Silk Road," [2] and "to forge closer economic ties, deepen cooperation and expand

---

[1] *Xi Jinping: The Governance of China.* 1st ed., Foreign Languages Press, Beijing, October 2014, p.311.

[2] *Xi Jinping: The Governance of China.* 1st ed., Foreign Languages Press, Beijing, October 2014, p.312.

development space in the Eurasian region, we should take an innovative approach and jointly build an economic belt along the Silk Road." [1]

With caring, vision and leadership, through the people of Kazakhstan in Astana, President Xi Jinping, for the first time, has made a declaration to the world that would rejuvenate the spirit of the ancient Silk Road.

On October 3, 2013, President Xi Jinping gave a speech titled "Work Together to Build a 21st-century Maritime Silk Road" at the People's Representative Council of Indonesia.

"Southeast Asia has since ancient times been an important hub along the ancient Maritime Silk Road. China will strengthen maritime cooperation with the ASEAN countries, and the China-ASEAN Maritime Cooperation Fund set up by the Chinese government should be used to develop maritime partnership in a joint effort to build the 'Maritime Silk Road' of the 21st century." [2] And "the two

---

[1] *Xi Jinping: The Governance of China*. 1st ed., Foreign Languages Press, Beijing, October 2014, p.313.

[2] *Xi Jinping: The Governance of China*. 1st ed., Foreign Languages Press, Beijing, October 2014, p.317.

sides need to give full rein to our respective strengths to enhance diversity, harmony, inclusiveness and common progress in our region for the benefit of both our people and the people outside the region." [1]

This initiative and the speech on September 7 both express the same idea and echo with each other, completing a grand vision of the "Silk Road Economic Belt" and the "21st Century Maritime Silk Road".

From Kazakhstan in the vast Eurasian hinterland to the beautiful scenery of Indonesia, Xi Jinping's proposed "Silk Road Economic Belt" and "21st Century Maritime Silk Road" have attracted the attention of countries all over the world. From September 2013 to August 2016, Xi visited 37 countries (18 in Asia, 9 in Europe, 3 in Africa, 4 in Latin America and 3 in Oceania), and fully elaborated on the overall framework and basic connotation of the "Belt and Road" initiative. The Silk Road spirit

---

[1] *Xi Jinping: The Governance of China.* 1st ed., Foreign Languages Press, Beijing, October 2014, p.319.

of peace and cooperation, openness and inclusiveness, mutual learning, and mutual benefit, combined with the idea that projects should be jointly built through consultation to meet the interests of all, dispels the haze of "de-globalization" and injects new kinetic energy into the sluggish growth of the world economy. Many countries have linked up their own economic development to the "Vision and proposed actions outlined on jointly building Silk Road Economic Belt and 21st- Century Maritime Silk Road" proposed by the Chinese government.

The "Belt and Road" initiative advocates policy coordination, facilities connectivity, unimpeded trade, financial integration, and people-to-people bond. With the emphasis on infrastructure build-up, economic and trade cooperation, industrial investment, energy resources development, financial support, people-to-people exchanges, ecological environmental protection, and marine cooperation, the initiative has set off a new momentum in investment, trade activity, technological innovation, and production capacity cooperation in the world. In 2016, China led the establishment of the Asian Infrastructure Investment Bank (AIIB), which was joined by 57 member states. As of June 26, 2018, after six expansions, the total number of members increased to 87, and 28 projects had been carried out in 13 countries. The Bangladesh Power Distribution System Upgrade Expansion Project, the Indonesia National Shanty Town Transformation Project, the Pakistan National Highway Project and the Tajikistan Dushanbe-Uzbekistan Border Road Improvement Project have received financial support from the AIIB. The idea of joint project implementation through consultation to meet the interests of all has since turned into reality .

The "Belt and Road" initiative has drawn strong and positive feedback from the international community. On November 17, 2016, the 71st session of the 193 members of the United Nations General Assembly unanimously endorsed the adoption of resolution A/71/9 to welcome the "Belt and Road" proposal, encouraging all of its member states to boost economic development of Afghanistan and the region through participation in the proposed project. In addition, it called on the international community to provide a safe and secure environment for the implementation of the initiative. On March 17, 2017, the United Nations Security Council voted unanimously to adopt resolution NO. 2344, and called on the international community to rally assistance to Afghanistan, and strengthen regional economic cooperation through the "Belt and Road" initiative, etc. It also urged all parties to provide a safe and secured environment for carrying out the program.

In January 2017, President Xi Jinping delivered a keynote speech at the United Nations Office at Geneva titled "Work Together to Build a Community of Shared Future for Mankind", comprehensively and systematically elucidated the fundamental idea of a community with a shared future for mankind, which echoed enthusiastically in the international community and was widely welcomed and highly applauded by many countries, organizations and political parties. At its 34th meeting, on March 23, the United Nations Human Rights Council adopted two resolutions on "economic, social and cultural rights" and "the right to food", which clearly stated the need to "build a community with a shared future for mankind". This is the first time the landmark concept of a community with a shared future for mankind has been incorporated into a UN Human Rights Council resolution, and it has become an important part of the international human rights discourse system.

The "Belt and Road" is not a solo play by China only, but a symphony played in concert with Asia, Europe, Africa and countries around the world. China abides by the purposes and principles of the UN Charter, advocates openness and cooperation, espouses harmony and inclusiveness, supports policy coordination, fosters political mutual trust, builds consensus on cooperation, coordinates development strategies and promotes trade facilitation and the institutional mechanisms of multilateral cooperation. China has joined hands with more than 100 countries and regions to co- create a new Eurasian continental bridge. This has been accomplished by taking advantage of international transport routes that are supportive of the central cities along the "Belt and Road", and building key economic and trade industrial parks as a platform for cooperation. China-Mongolia-Russia, China-Central Asia-West Asia, China-Pakistan, Bangladesh-China-India-Myanmar, China-Indochina Peninsula and other international economic cooperation corridors are progressing smoothly. China Railway Express accentuates trade and shipping overland between China and Europe with a bright future. Meanwhile, key sea ports also serve as the nodes to jointly build a smooth, safe and efficient transportation network, and hence enables a close connection between land and sea routes. Together with the overland cargo train transportation, the frequent cargo ships sailing on the Pacific, Indian and Atlantic Oceans poses an amazing picture. In summary, the relevant resolutions or documents of the Asia-Pacific Economic Cooperation, the Asia-Europe Meeting, and the Greater Mekong Subregion Economic Cooperation program all embody the "Belt and Road" initiative. By bringing together the world's wealth, Silk Road Fund, development finance, and supply chain finance strive to build a green, healthy, intelligent and peaceful Silk Road, and enhance the well-being of people around the globe.

The "Belt and Road" is a grand blueprint that has never been seen in human history. It is also a warm heart line that connects Asia, Africa and Europe to countries around the world. The Silk Road Economic Belt includes China via Central Asia, Russia to Europe (Baltic Sea), China via Central Asia, West Asia to the Persian Gulf, the Mediterranean Sea, China to Southeast Asia, South Asia, and the Indian Ocean; the 21st Century Maritime Silk Road includes from China's coastal ports to the South China Sea as well as the Indian Ocean that extends to Europe and the South Pacific. Friendly exchanges among countries are just a camel-ride and a boat trip away from each other.

In this new era and the great course of renovating the spirit of the ancient Silk Road, President Xi Jinping dedicated to cherish the pioneers of the Silk Road and particularly pay tribute to the founders of the spirit of the ancient Silk Road:

"In ancient times, our ancestors struggled through deserts and sailed in boundless seas to transport Chinese products to countries overseas, taking a lead in international friendly contact. Along that path, Kan Ying, Zheng He and Ibn Battuta were all known as envoys of this China-Arab friendship. Through the Silk Road, Chinese inventions like paper-making, gunpowder, printing and the magnetic compass were spread to Europe, and Arabic conceptions like astronomy, the calendar and medicine were introduced to China.

For hundreds of years, the spirit that the Silk Road bears, namely, peace and cooperation, openness and inclusiveness, mutual learning, mutual benefits and win-win results, has lived on through generations." [1]

There is a Chinese saying that when you drink the water, think of those who dug the well. The implication that the Chinese people never forget history is clearly demonstrated in our excellent

---

[1] Xi Jinping, "Promoting the Silk Road Spirit and Deepening China-Arab Cooperation." Key Note Speech at the Opening Ceremony of the 6th Ministerial Meeting of the China-Arab States Cooperation Forum, section one, People's Daily, June 6, 2014.

cultural tradition of commemorating the sages and at the same time looking forward to the future. It also points out the direction and path for the Chinese Biographical Literature Society to participate in the "Belt and Road" initiative.

On the ancient Silk Road, we have never forgotten Zhang Qian's twice diplomatic missions to the western regions in Han Dynasty that include Kazakhstan, the good neighbor Pakistan with high mountains and beautiful rivers, the double-headed eagle across Eurasian country Russia, grassland country Mongolia, Himalaya floating paradise Nepal, Bodhi Ganges blessed country India, cultural treasure Iran, the first Codex System member country Iraq, Red Sea gateway Yemen, oil kingdom Saudi Arabia, the Persian Gulf pearl Bahrain, cedar country Lebanon, Gulf Star Kuwait, desert peak UAE, the Peninsula pearl Qatar, and Oman——the gatekeeper of Hormuz Strait at Persian Gulf, thousand-lake country Belarus, Turkey at the Eurasian crossroads, Israel——a land flowing with milk and honey, Ukraine of European granary, Italy——the cultural pinnacle of Apennines, Switzerland at the top of Alpine, rose country Bulgaria, and Germany, a nation famous for great thinkers, France, the center of the European culture, the welcoming and comfortable Belgium, tulip country Netherlands, the warm and sunny Spain, as well as the elegant Britain, pyramid country Egypt in North Africa, Ethiopia on the roof of Africa with the national flower of calla lily, the great Vanilla Island country Madagascar, and so on.

Along the Maritime Silk Road, we will come across Malaysia, the country of jungle gardens, garden country Singapore, the Thousand Islands country Philippines, and Indonesia, an emerald on the equator line. Down the Lancang-Mekong River all the way south, we will experience Vietnam whose land moistened by the Lancang-Mekong River, Thailand, the country of thousand Buddhas, the smiling country of Khmer Cambodia, and Laos, the "Land of a Million Elephants". On the Indian Ocean, we will also see the ocean pearl Sri Lanka, the ocean star Mauritius, the rich and abundant Brunei, the freedom seeker East Timor, the idyllic Maldives, and Australia, a country on the back of the sheep, New

Zealand, the back garden of God, and so on.

In the countries along the Belt and Road, those ancient and modern figures who have influenced the destiny of mankind, countries and nations for thousands of years and had dealings with China are still seen in today's textbooks, movies and television dramas. Their influence and charm are still felt by generations of young people.

Certainly, for the Chinese people, we are more familiar with the pioneers of the Silk Road. Have we ever remembered? Among the trail blazers of the Silk Road were Emperor Wu of Han Dynasty and his envoys, Emperor Li Shimin, the co-founder of the Tang Dynasty that epitomized a golden age and his countless subjects, the Song imperial court and numerous sages who continued good-neighbor practice and friendly maritime navigation, as well as the Yuan Dynasty warriors who led armored cavalry with shining spears, the Ming Dynasty figures who unified the country, and the Qing Dynasty characters who maintained a clear mind during global turmoil, as well as the modern individuals who, by learning from both the west and the east in a time of rapid change, had the courage to build a sea power nation. There were also the guardians of Dunhuang Mogao Grottoes known as the Silk Road Pearl, the generals who safeguarded the country and helped the neighbors, and the diplomats who convey information and messages between China and foreign countries. Without a doubt, it is our current era that features true heroes. We can not praise highly enough the contemporary people who have been plunging themselves into the development of the new Silk Road.

Hard work pays off, family line continues, wisdom passes on, and history pushes forward! The history of friendly exchanges and traffic between China and the West, which benefits the four continents, for more than 2,100 years has been nonstop. The "Chinese Dream" and "World Dream" in the 21st century have become the chord of our time for humanity's shared future, resounding on the "Belt, and Road." For this reason, in May 2017, Beijing welcomed thousands of leaders from all walks of life, including heads of government, former eminent statesmen, well-known entrepreneurs, distinguished experts and scholars from the "Belt and Road" countries, as well as leaders of international organizations to attend the "International Cooperation Summit Forum." This grand event of "Thousands of people's meeting" shared "solidarity, mutual trust, equality, inclusiveness, mutual learning and win-win cooperation"[1] and exchanged views on this "great undertaking benefiting of the people of all countries along the route."[2] This is a big day that should be remembered in the history of the Chinese nation and the world.

In the implementation of the "Belt and Road" initiative, the Chinese Biographical Literature Society that devotes to biography writing, takes as its the mission "telling the good stories" of the "Belt and Road", which is also the responsibilities entrusted to us

---

[1] Xi Jinping, *Promote Friendship between Our People and Work Together to Build a Bright Future*, Keynote speech at Nazarbayev University in Kazakhstan, September 7, 2013.

[2] Xi Jinping, *Promote Friendship between Our People and Work Together to Build a Bright Future*, Keynote speech at Nazarbayev University in Kazakhstan, September 7, 2013.

by the state.

Under the leadership of the China Federation of Literary and Art Circles and the guidance of the National Global Strategic Think Tank of the Chinese Academy of Social Sciences, the Chinese Biographical Literature Society, with its love for the family and the nation, a keen spirit of the age and the responsibility of writing decent biographies, by careful research, thorough planning and thoughtful organization, made an unwavering decision to devote itself to organizing and publishing the "The Legend of the People along the Belt and Road nations". These brilliant volumes of biographies tell the stories of nearly a thousand national characters, involving laborious work from hundreds of expert writers who had been writing day and night over years. Our gratitude extends to the China Intercontinental Press, for the publication and distribution. Thanks to their generosity and effort, readers now have the opportunity to read the vivid yet serious and interesting yet enlightened biographies of outstanding people from many nations.

Confucius said, "Humanity is of humans ." Let the brilliant

ideas of the wise men of all nations light up our path to explore the future of mankind.

The biographies are written for high ideals. Herein is the introduction.

President of the Chinese Biographical Literature Society

Director of the Editorial Board of

"The Legend of the People along the Belt and Road"

Dr. Wang Li

March 30, 2019

目 录

引 言

01 永远的斗士
——弗朗西斯·沙维尔·多·阿马拉尔　009

02 "亚洲的曼德拉"
——夏纳纳·古斯芒　035

03 爱国赤子心
——卡洛斯·菲利普·西门内斯·贝洛　059

04 风雨不坠青云之志
——马里·阿尔卡蒂里　083

05 以柔克刚
——若泽·拉莫斯·奥尔塔　　107

06 "拼命三郎"
——埃斯塔尼斯劳·达席尔瓦　　131

07 英年早逝
——费尔南多·拉萨马·德·阿劳若　155

08 实现国家的奥运梦
——玛丽娅·娜迪亚斯·西蒙纳　183

后　记　　202

引 言

在东帝汶有一个奇怪的现象，那就是人们不喜欢坐在车里，喜欢坐在汽车顶上，就算汽车顶没有扶手他们也不惊不恐地坐在上面。公共汽车的车顶宽一些，时常会坐有七八个人。汽车超载现象十分严重，除了车顶，汽车门口还会吊几个人，有时出租车的后备箱也会挤进三四个人。由于当地人的这种习惯，时常有人从车顶、车门掉下的交通事故，这样的乘坐方式让人觉得又危险又有些滑稽。但是当地人不以为意，他们说就算车内有空间也不喜欢坐在里面，因为他们喜欢那种飞翔的感觉，喜欢更贴近大自然。

从这样一个习惯，我们可以联想到他们的民族历史，或许是因为东帝汶这个国家被压迫太久了，所以才养成东帝汶人这样热爱自由的民族性格。

东帝汶民主共和国，简称东帝汶，位于东南亚努沙登加拉群岛最东端，包括帝汶岛东部和西部北海岸的欧库西地区以及附近的阿陶罗岛和东端的雅库岛。西部与印度尼西亚西帝汶相接，南隔帝汶海与澳大利亚相望。国土面积15007平方千米。2024年数据统计显示，东帝汶全国总人口有134万，首都帝力的人口大约32.5万人。东帝汶土著人占78%，印度尼西亚人占20%，亦有2%华人。东帝汶政府积极寻求加入世贸组织，鼓励发展外贸，努力扩大出口。2024年，世贸组织第13届部长级会议通过东帝汶成为世贸组织成员。东帝汶主要出口产品为咖啡、木材、橡胶、椰子等经济作物，进口燃油、谷物、车辆、机电设备等。东帝汶的经济发展水平落后，结构失衡，严重依赖油气收入和外国援助，非油气经济主要以传统服务业和农业为主，截至2023年，非油气国内生产总值为18.33亿美元，非油气人均国内生产总值只有1357美元。

在历史上，葡萄牙、荷兰、英国、日本以及印度尼西亚等多个国家都曾经将东帝汶纳入版图。16世纪前，以苏门达腊为中心的室利佛逝王国和以爪哇为中心的满者伯夷王国曾经先后统治过东帝汶。1512年，葡萄牙人登陆帝汶岛，帝汶岛成为葡萄牙殖民地。1613年，荷兰人登陆帝汶岛，将葡萄牙的势力挤压到帝汶岛的东部。18世纪，英国曾经短期控制过西帝汶地区，但荷兰于1816年夺回了控制权。1859年，葡萄牙和荷兰签订条约，将帝汶岛的东部和欧库西地区划归葡萄牙，将帝汶岛西部地区划归荷兰属东印度，也就是今天的印度尼西亚。1942年，日本占领东帝汶。第二次世界大战结束后，日本投降，葡萄牙恢复了对东帝汶的殖民统治。葡萄牙国内兴起了民主化和去殖民化运动，葡萄牙政府在1975年允许东帝汶通过投票决定是否独立。"独立革命阵线"于1975年11月宣布成立东帝汶民主共和国，同年12月，印度尼西亚出兵占领了东帝汶，引发了包括联合国在内的国际社会的指责。20世纪90年代后期，亚洲金融危机引发了印度尼西亚社会动荡，印度尼西亚总统哈比比于1999年1月宣布同意东帝汶就是否独立问题进行全民公决。1999年8月，东帝汶通过全民公决选择独立，但亲印度尼西亚派与独立派发生了军事冲突。随后，多国部队入驻东帝汶，稳定了社会秩序，东帝汶开启了独立进程。在"联合国东帝汶过渡行政当局"的监督下，东帝汶于2001年8月举行了制宪议会选举，并于9月15日成立了制宪议会和过渡内阁。2002年4月，东帝汶举行了总统选举,独立运动领袖夏纳纳·古斯芒当选总统。2002年5月20日,东帝汶民主共和国终于宣布成立。

东帝汶国旗启用于2002年5月20日,国旗呈长方形,长宽之比为2∶1。旗面为红色,左侧有一个黑色的等边三角形和一个黄色的等腰三角形重叠图案,黑色等边三角形上有一颗白色五角星。红色代表东帝汶人民争取独立自由的斗争,黑色的三角形代表必须击倒反启蒙主义,黄色的三角形代表东帝汶曾被葡萄牙、印度尼西亚等国殖民统治过的痕迹,中心有一颗稍微向左倾斜的小星星,代表引导着独立自由的光芒。

东帝汶国徽中心的图案源自东帝汶独立革命阵线旗帜,象征为取得独立而进行的不懈斗争。顶部是国名"东帝汶民主共和国",两颗白星之间的字母是"东帝汶人民防卫"的缩写;底部饰带上为葡萄牙文:"荣誉、祖国、人民"。

东帝汶的国歌是《祖国,祖国,东帝汶,我们的国家》。歌词大意:祖国,祖国,我们的国家东帝汶,光荣归于解放事业的英雄,祖国,祖国,我们的国家东帝汶,光荣归于解放事业的英雄,我们击退殖民主义,我们呐喊:打倒帝国主义!

自由的土地，不容被占据，在与人民的敌人，帝国主义的战斗中，坚定果敢地团结向前进！走在革命的大道上，直到最后的胜利！

东帝汶的自然地理资源非常丰富，咖啡、橡胶和檀木被称为"帝汶三宝"。近年来，不少旅游公司开始注意到东帝汶原始的旅游资源，人们开始对东帝汶旅游感兴趣。的确，东帝汶地处东南亚，是一个非常美丽而又迷人的岛国。在东帝汶境内，山、湖、海滩等一应俱全，东帝汶的海岸线长735千米，境内多山、多森林，平原和谷地大多位于沿海。山地和丘陵面积约占国土面积的四分之三。平原和山谷地带属于热带草原性气候，其他地区均为热带雨林气候。东帝汶全年高温，平均气温在26摄氏度左右，年平均降水量为2000毫米，12月至次年3月是雨季，4月至11月是旱季。由于岛内交通不是很发达，环境保护得相对完整，让东帝汶增添了更多的神秘色彩与魅力。虽然基础设施不完善，但仍有很多人不远千里，来到这个美丽的岛国，体会别样的风情。

在东帝汶经济、社会的建设中，中国给予了东帝汶很多援助。中国是第一个与东帝汶建立外交关系的国家。2002年，中国外交部部长率领代表团出席了东帝汶的独立大典，与东帝汶签署建交联合公报，此后两国关系发展顺利。2010年4月，东帝汶副总理出席博鳌亚洲论坛。同年10月，东帝汶总理出席上海世博会。2010年11月，中国宣布对东帝汶产品实施零关税。2012年，中国领导人出席了东帝汶新总统就职以及东帝汶独立10周年的庆典活动。最引人瞩目的是中国国家主席习近平2013年提出"一带一路"倡议，旨在实现沿线国家的互惠共赢。2014年东帝汶总理古斯芒访华时表示，东帝汶将积极响应中方的"一带一路"倡议。而中方也十分欢迎东方尽快正式加入"一带一路"的建设中来，共同谱写新篇章。

在农业方面，2016年11月19日，东帝汶农业部举办了中国渔船在东帝汶捕鱼合作启动仪式。东帝汶政府批准中国渔船来东帝汶开展捕鱼合作。两国渔业合作将给人民带来利益。早在之前，中国就援助东帝汶杂交水稻技术8年，帮助东帝汶提高粮食产量。

中国和东帝汶的交流历史悠久。见过东帝汶纸币的人都知道，东帝汶的纸币上有汉字，原来在东帝汶有不少华人，所以东帝汶政府为了方便管理，就在纸币上印上了汉字。在

引言

东帝汶，如果看见华人面孔的人用当地的德顿语与人交谈流利，不要感到惊讶。因为早在清朝时期，就有华人去东帝汶岛并在当地谋生。有历史文献记载，16世纪初，3个广东人来到东帝汶欧库西砍伐檀香木，成为东帝汶最早的华人。此后，大批广东客家人登上帝汶岛经商，很多人便定居下来，形成东帝汶最初的华人群体。鼎盛时期，东帝汶的华人华侨人数达到3万左右。

华人在东帝汶当地做的生意涉及各行各业。饶李祥先生是东帝汶华人商会秘书长，他的华人朋友中有开电器店、食品店、旅店的，有做机电设备、经营咖啡种植园的，虽谈不上巨富，但靠着勤劳和聪明，大家生活都过得不错。"因为我们通晓德顿语、葡语、英语，还有中文，我们了解这个地方，知道怎么和他们打交道，所以在这里经商才有立足之地。"饶先生说。

东帝汶无论是自然景观还是人文景观，都有着浓郁的地方色彩。如果到了当地一定要入乡随俗，尊重当地的习惯。在东帝汶土著人中，他们的血液里，仍然流淌着苏门答腊王国时争强好胜、尚武的习俗。所以到当地的外地人，要注意说话分寸。

　　东帝汶本地人大多数喜欢居住在山上。当地人们喝的酒并不是白酒或啤酒，而是经过自家酿造的棕榈酒。这是一种非常原始而又自然的美味，味道和糯米酒差不多，但是酒劲儿比啤酒还要小。当地的传统服饰则是无论男女，都穿着裙子，但是在裙子的碎花和打结方面还是有一些差异的。这些裙子的布料大多数是当地人自己纺织的。

　　东帝汶的独立有太多英雄值得纪念：有亲切的"阿马拉尔祖父"——弗朗西斯·沙维尔·多·阿马拉尔；被称为"亚洲曼德拉"的开国总统夏纳纳·古斯芒；在精神上不断给人们指点迷津的贝洛主教；在海外为国家独立而执着奋斗的马里·阿尔卡蒂里；在联合国为祖国奔走呼号的奥尔塔；为了国家废寝忘食的达席尔瓦；当然还少不了受命于危难之间的费尔南多·德·阿劳若；在奥运会场上抛洒汗水的玛丽娅·娜迪亚斯·西蒙纳。他们有的为国家奉献了青春乃至生命，有的至今仍然在为国家的富强而奔波、奋斗着。东帝汶人民积极参与中国倡导的"一带一路"建设，他们相信在这个倡议推动下，东帝汶的明天一定会更美好！

Chapter 01

永远的斗士
——弗朗西斯科·沙维尔·多·阿马拉尔

他与被尊称为"东帝汶国父""亚洲曼德拉"的夏纳纳·古斯芒是好朋友。他和古斯芒一样，也曾经遭受了将近22年的软禁生活。当重新获得自由的时候，他回到家里，却发现家中早已经变成了一片废墟。他的妻子不见了踪影，两个孩子已经被残忍地杀死。他悲痛欲绝，带着满腔的怒火，流下了一行行热泪。这泪水中有遗憾，有悲愤，然而更多的却是无助和无奈。那么，这个人是谁呢？为什么会遭遇这样的事情？

弗朗西斯科·沙维尔·多·阿马拉尔（1937—2012），东帝汶政治家，东帝汶独立革命阵线的创始人之一。是1975年东帝汶独立革命阵线宣布东帝汶成立时的第一位总统。1978年遭到了印度尼西亚军队的软禁。2000年回到东帝汶，2001年组建东帝汶社会民主协会，并出任主席，代表其协会参与制定制宪会议讨论。他从那时候起开始担任国民议会议长，直到2012年3月离世。东帝汶政府为他举行了国葬。可以说，阿马拉尔一生都像一个斗士。他与殖民主义斗争，与各种各样的敌人和对手斗争，更多的时候却在与自己的命运斗争。他的一生涉艰历险，一路饱经风霜，但他却仍然执着顽强地抗争着，直到生命的最后一刻。

01 / 少年的中国记忆

1937年，第二次世界大战一触即发，火药味也越来越浓。1932年葡萄牙总理萨拉查为了拯救葡萄牙的经济危机而上任，可以说是临危受命。萨拉查执政之后，便开始独断专行，在葡萄牙实行了法西斯专政。但是，这仅仅是相对于国内的政策而言。对外他则保持中立，实际上偏向于轴心国。这个时候，作为葡萄牙殖民地的葡属帝汶，受其政策的影响，政局也开始悄悄地发生着变化。由于战争，政府对于一些原料和劳动力的需求量也越来越大。东帝汶自然而然地也就开始为其服务。这个时候，东帝汶的每一户人家，都会有7个以上的孩子，为的是有足够的劳动力来支持这个家庭的劳作。也正是在这一年，阿马拉尔来到了这个世界上，他是当地一名村长的儿子，他出生的地方名为马努法希区。

作为一名村长，阿马拉尔的父亲总是对家里的孩子要求十分严格。一旦犯错误，就要遭到严重的惩罚。所以家中的孩子们都非常怕自己家中的这只"大狮子"。而妈妈则截然相反，她总是用爱去守护着自己的孩子，孩子们也喜欢在妈妈的怀里撒娇。家里的日子虽然很贫穷，但是他们还是感到非常的快乐。

阿马拉尔很喜欢晚上。因为在晚上的时候，家人总是聚集在一起，一起谈天说地，一起玩游戏。妈妈则用温柔而又和蔼的声音给孩子们讲一个又一个的神话故事，给孩子们出一个又一个的谜语。在听故事时，孩子们总是认真而又投入，时不时地问一两个让人啼笑皆非的问题。在猜谜语时，谁猜对了正确的答案，妈妈就会在谁的脸上亲一下。孩子们都争先恐后地去猜，一次又一次……阿马拉尔那时候也就只有三四岁，他总是被抱在妈妈的怀里，在这种安静而又祥和的氛围中睡着。

然而，快乐的日子总是有限的。在阿马拉尔一生的时光中，恐怕也只有这个时候最轻松，最快乐了。

1942年，这个时候的阿马拉尔总是随着家人不断地东奔西走。这一年，日本占领了东帝汶，实行了一系列的恐怖政策，好多人因此而丧生。当时在东帝汶只要一提到日本人，当地人都会毛骨悚然。妈妈告诉阿马拉尔遇到嘴里说着听不懂的话语的人时，一定要小心，因为他们是坏人，可能会把你吃掉。阿马拉尔听到这些话，非常恐惧。"被人吃掉？那妈妈找不到自己怎么办？"有时候想着想着，阿马拉尔都会吓得大哭起来。

有一天，阿马拉尔走在大街上，突然过来一个人。他个子高高的，有些卷曲的头发，蓝色的眼睛。他蹲下身子，用一口流利的英语对阿马拉尔说："小朋友，你知道附近哪里有旅馆吗？"他边说边用手比画着。阿马拉尔一听是自己听不懂的语言，"哇"的一声哭了出来。那个问路的人一脸无奈，还自言自语道："今天没有刮胡子，居然把小孩都吓哭了。自己在这里又不会葡萄牙语，真的是非常麻烦呀！"说着抱了抱阿马拉尔，摇摇头走了。阿马拉尔看那人并没有张开嘴吃自己，这下才放心了。他赶紧拔腿跑回家，告诉妈妈今天发生的事情并且发誓以后再也不独自出门了。妈妈听到后哈哈大笑。她猜测，阿马拉尔一定是遇到了英国人或者是美国人。可是由于自己的误导，孩子搞错了。她耐心地告诉孩子，讲着听不懂话的人，也是有区别的，她知道，尽管孩子可能会听不懂，但是也不能让孩子继续恐惧下去。

  转眼间，阿马拉尔到了上学的年纪，开始接受葡萄牙教育。他不得不学习有关神学的一些知识，因为他的爸爸期望他将来能够从事有关神职方面的工作。在学习的时候，他总是用自己的独特想法给老师制造一个又一个的难题。老师一开始还总是愿意耐心地为他解答，但是阿马拉尔的问题一问就没完没了，后来老师干脆就不解答，让他自己去寻找答案。比如说有一次，他早上看见家里的老母鸡下了一只鸡蛋，非常的好奇。他好奇鸡为什么不会像人一样，生出一个个的小鸡？可是他想了半天也没想出来答案，他跑过来问老师："老师，先有鸡还是先有蛋？为什么人不会下蛋？人类能够孵出小鸡吗？"老师告诉他，小鸡是鸡蛋孵化而来的。"那人能把鸡蛋孵出来小鸡吗？"老师笑着对他说："你可以自己试一试呀！"阿马拉尔信以为真，他拿来几只鸡蛋，开始每天趴在上面，期望有一天能够孵出来活蹦乱跳的小鸡。可是过了一个星期，两个星期，鸡蛋却没有任何变化。由于天气炎热，鸡蛋都坏了。阿马拉尔失败了，但是他却自言自语道："看来人真的孵不出来小鸡呀！"他把自己的答案告诉了老师,老师无奈地摇摇头。虽然这次实验没有成功,却让阿马拉尔养成了有问题就要自己去亲自解决的习惯,这远比实验结果更为重要。

他的知识越来越丰富,他从书本上看到了一个神奇的世界。但是他仍然按照父亲的意愿,学习神学的相关知识。在自己的努力下,他获得了出国留学的机会,来到了中国的澳门。

来到澳门后,他养成了一个习惯,那就是像当地人一样,每天早上吃一碗可口的白粥和油条。他感觉这里的人民生活得非常朴素、简单,却又有说不出的快乐和满足。在澳门期间,除了澳门当地,他也游历了很多中国内地的风景名胜。他惊异于黄山的变幻莫测,沉醉于杭州西湖的迷人风景,惊叹于长城的伟岸壮观。他还吃了很多以前没吃过的特色小吃,驴打滚、豌豆黄、茯苓糕……不禁一次次感叹,中国文化真是博大精深!在那个时候,新中国各地都在大搞建设。他很吃惊地看着中国人民的建设热情,而这一切对于他来说,都算是独特的异域风情。

这天是周日,他又可以放松自己,来看一看澳门的独特风光。他像往常一样漫步在大街上,发现很多商场里垂下来一条又一条的红布。那时候由于已经在澳门待了一段时间,所以有些文字他是能够读得懂。他看着那条幅,结结巴巴地读着:"热烈庆祝中华人民共和国成立8周年。"那时候的澳门,还没有回归,仍然处于葡萄牙的殖民统治之下,但是在各大建筑上,飘着一条条的庆祝国庆的条幅。看到这些,阿马拉尔非常震撼于当地人民的爱国情怀。他也曾经预言,澳门将来一定会回到中国的。后来澳门果然在1999年回归中国。那个时候,他的爱国之情更加热烈、更加浓厚,为祖国独立而奋斗的意志在心中生根发芽。

02 / 欲救国,先扫盲

阿马拉尔回到东帝汶。这个时候,日本早已经退出了东帝汶。经过澳大利亚政府的短暂管理之后,东帝汶又处于葡萄牙的管辖之下,并且葡萄牙宣布东帝汶成为自己的海外省。

阿马拉尔如爸爸所愿，成了一名神职人员。当他为那一个个新出生的孩子去洗礼，为一个个的病人去祷告时，他发现很多人生活得并不幸福。他们总是在黑暗的边缘挣扎着，饱受着饥饿与贫穷的折磨。

有一次，他像往常一样，去一户人家给新出生的孩子洗礼。来到这家后，他发现这家并不富裕。五六个孩子围在妈妈的身边，有几个孩子因为营养不良瘦骨嶙峋。他们脚上的鞋，都破了一个又一个的洞，但是，仍然是缝了又缝，补了又补。虽然家里穷成这样，可他们仍然坚持要花钱给孩子洗礼。

按照习惯，他先是把自己的手洗干净，然后开始一系列的步骤。当活动做完时，他却发现孩子的父亲正在那和母亲争吵着。他问他们原因。父亲告诉他，说自己是一个文盲，连基本的数字都不认识。所以每次去买东西的时候，总是会叫上朋友。那一天恰好朋友有事，而家里已经一粒米也没有，他不得不自己去。可是因为不认识字，被很多商贩嘲笑或捉弄。就在前几天，自己去买米，那个奸诈的商贩居然骗自己，多收了自己几倍的钱，自己却全然不知。

等回到家和朋友交谈时,才知道自己上了当。妻子因为这件事和他吵了好几天。他无奈地叹了口气说:"你说这件事能怪我吗?我不识字,能怎么办?"听到这些话,阿马拉尔感觉到一阵胸口疼痛。他没说什么,偷偷给他家放了一些钱,离开了。

那天回到家里,他思考了一次又一次,最终他做出了一个决定:不再当神职人员,要成为一名教师。

他把自己的想法告诉家人。母亲对他说:"孩子,妈妈相信你的选择是对的,并且妈妈总是支持你的。就怕你爸爸那一关不好过呀。"他不敢向爸爸开口,因为爸爸培养了自己这么多年,成为神职人员一直都是他的期望。但是,说不定爸爸会答应呢!他终于鼓足了勇气。

那天吃过晚饭之后,他来到爸爸的身边。"爸爸,我有件事要和您说。"

"什么事呢?"爸爸很平静的问,脸上仍然是一脸严肃。

"有一件事情我想了很久,今天必须告诉您了。我决定,辞去神职人员,去当一名人民教师。"

他本想,爸爸听到后一定会暴跳如雷,然后和自己之间有一个激烈的辩论。他屏住呼吸,等待着暴风雨的来临。然而,一切仍然平静,这一切都没有发生。

爸爸脸上的表情开始变得认真起来。"你能告诉我原因吗?"

"因为我看到,在我们的民族中,到处都是文盲。他们不会写自己的名字,不认识基本的数字,他们处于一片茫然和无知之中,我不想看着他们不会写不会算却什么都不做。虽然我的力量是微不足道的,但是我也要竭尽我的全力,去努力改变这一切。"他一口气说出来。

爸爸点点头,然后对他说:"那就按照你说的去办吧!"

他明白了父亲的爱,总是隐藏得那么深,父亲放弃了自己对儿子的愿望,而支持他去实现自己的愿望。

后来,他成了一名教授拉丁语和葡萄牙语的教师。作为一名教师,他总是严格地要求自己和学生。在很多学生看来,阿马拉尔有时候过于严肃。只要同学们写错一个字母,他都会长篇大论地教育孩子们一番。对于阿马拉尔这个老师,同学们都是又敬又怕。

有一天,阿马拉尔像往常一样给孩子们上着课。这个时候，他突然发现有一个孩子趴在桌子上睡着了。他顿时火冒三丈，本想过去教训他一番。可是，当他走到孩子的面前时，发现孩子身上都是一颗又一颗的红疙瘩。看到这些，他实在有些于心不忍。在这个地区，气候非常炎热，而且虫子非常多。晚上蚊子更是猖狂得厉害。孩子一定是熬夜熬到很晚才完成作业，今天他本想努力撑着不让自己睡着，可还是没有忍住。

这件事给了他很大的触动，他开始反思自己的问题。他突然醒悟到，在这段时间里，自己犯了一个错误：总是把自己的意愿强加给学生。他想让所有的人都能够摆脱不识字的困扰，而没有更多地考虑孩子们的感受。他开始调整自己的状态，站在学生的位置上着想，有什么需求，有怎样的期望。从这之后，他和学生们打成一片，同学们都非常喜欢他，成绩也是突飞猛进。

他始终在心中默默的提醒着自己：不管是愤怒时，伤心时，痛苦时，他都告诉自己要微笑。最终，他能被人们亲切地称呼为"阿马拉尔爷爷"。

尽管他努力教学，还是有很多人没有能力负担学费，而不能来上学。这段教学经历让阿马拉尔渐渐明白：虽然自己一直在努力唤醒这个民族的灵魂，可是他们却仍然在沉睡。也许，只有战斗，只有自由，才能让他们真正觉醒！

03 / 投笔从戎闹革命

第二次世界大战后，很多欧洲国家纷纷自愿或被迫放弃其殖民地。葡萄牙的萨拉查极右派政权却拒绝放弃其殖民地，因此它仍然维持着庞大的殖民帝国。葡萄牙尝试抵抗殖民地发起的非殖民化浪潮，并因此爆发了葡属殖民地独立战争。长久的战争和庞大的军费令开支让萨拉查政权失去了很多葡国人民特别是中下级军官的支持。

一些中下级军官组成了"武装部队运动"，于1974年4月25日在里斯本发起政变，其间有很多平民自发参与。在政变期间，军人以手持康乃馨花来代替步枪，由此称为"康乃馨革命"。与普通暴力革命相对比，"康乃馨革命"者采用和平方式来达成目标，没有经过大规模的暴力冲突而获得成功。为纪念这次斗争，葡萄牙把4月25日定为自由日。

葡萄牙的各大城市都经历了"康乃馨革命"，并且决定放弃过去在世界各地占领的殖民地。这本来是一个好消息，然而到了葡属帝汶这里，反而让情况变得更加混乱。

阿马拉尔决定抓住时机，他和奥尔塔及阿尔卡蒂里等人开始组建成立东帝汶社会民主协会。同时，东帝汶社会民主协会结合其他组织，改组为东帝汶独立革命阵线。

然而并不是所有人的意见都是一致的。这时候国内分成两派，一派是支持民族独立，成立东帝汶民主共和国，支持独立革命；另一派则主张加入印度尼西亚西半部分。

自己的民族，不需要外来人帮助统治！阿马拉尔这样想着，也为自己的这种想法而不停地奋斗着。他和独立革命阵线的人们利用宗教的特性，开始在各种报刊上宣传关于独立革命阵线的相关内容，同时也号召群众们积极支持国家独立运动并投入这支队伍中来。

除了报刊宣传，他还通过演说，来宣扬自己的主张，以赢得大家的拥护与支持。然而这种行动，往往是与危险相伴的。这个时候他已经结婚，并且有两个可爱的儿子，但是他们都还在襁褓之中。考虑到当时斗争的危险性，每次他出门之前，都会和家人道一次别，因为他不确定自己是否能够完好地回来。

这天早上，他像往常一样，穿好衣服和家人道别。他来到帝力进行演说。当地群众在他激昂的演说之后，情绪高涨。人们高呼着："支持国家独立！支持阿马拉尔！支持独立革命阵线！"正在这个时候，在人群中突然传来一声枪响，阿马拉尔倒在血泊中……

群众被吓得四处逃窜。场面顿时混乱不堪。几个人把阿马拉尔抬到车上，送到了医院。人们都在外面焦急地等待着消息，关心着阿马拉尔的状况。终于等到医生出来了。医生一脸严肃的样子。

医生告诉焦急等待中的阿马拉尔的妻子说："本来，他失血过多，这对于一般人来说可能就真的一切都结束了。可是，阿马拉尔生命力很顽强。刚才我们给他做了手术，手术很成功。再过一会儿，他就能醒了。"妻子终于长舒了一口气。

经过几个月的休息和恢复，阿马拉尔的身体渐渐康复。医生让他继续修养，他却不听，又开始坚持马不停蹄地为民族独立的事业而奔走奋斗。他的坚定和英勇，以及不屈不挠的革命斗争精神使得他声名鹊起，他被选举为独立革命阵线的主席。革命阵线开始对外宣称要举办公民投票，由人民决定东帝汶的未来。1975年11月28日，阿马拉尔单方面宣布东帝汶民主共和国成立，而他也成为东帝汶临时政府的总统。

然而，这次宣称的独立，反响平平，在国际上还没有获得任何一个国家的承认，仅仅9天之后，印度尼西亚军队就入侵东帝汶，阿马拉尔成为逮捕对象，被迫逃往了山区。这次独立运动和它所建立的民主共和国都只是昙花一现。

1976年7月，印度尼西亚宣布东帝汶为其第27个省份。而在避难期间，阿马拉尔则积极领导那些撤往山区的独立革命阵线的人士，累计约10万人，反抗占领东帝汶的印度尼西亚。

天有不测风云，一场流行病的暴发，让阿马拉尔的行动变得越来越艰难。由于这个地方天气很炎热，蚊虫十分猖獗，很多食物都容易变质，而贫穷让很多人舍不得把剩下的饭菜扔掉，以致食物发酸、发臭，经过一些虫子的叮咬，人们吃下这些食物后，就很快患上了传染病。很多人都倒下了，原本葱茏茂密的山区尸横遍野。流行病弄得人心惶惶，民众也变得越来越惶恐不安。

目睹了这一切惨状之后，阿马拉尔开始失眠。尽管自己一直在为独立事业而奋斗着，可是没有任何好转的迹象，他很悲伤。可是他知道，事实不会因为你的悲伤而有任何的改变，只有奋斗才有未来。

04 / 英勇被捕后的监禁生涯

在重重的困难面前，有人开始动摇了。独立革命阵线中的抗争派和对话派之间发生了冲突。

1977年9月13日，阿马拉尔像往常一样吃早餐。他还有些困意，因为他只睡了两个小时。这个时候，突然有人来了,敲着办公室的门。当时他所在的办公室非常的简陋,门只是一块薄薄的木板。阿马拉尔意识到自己的危险处境,想办法使自己脱身。可是来不及了,他的门被踹开。那些人看见阿马拉尔从容地坐在那里,反而显得有些吃惊。最终阿马拉尔以叛国罪被逮捕。

当革命阵线的人员过来和他商量事情的时候,发现那残破的门倒在地上,桌子上的早餐还冒着热气。附近的人告诉他们,阿马拉尔被带走了。军队立马进入紧张状态。他们跟随着目击者的指使,抄小路潜伏在那些掳走阿马拉尔的队伍所走的必经之路。

天气十分炎热,独立革命阵线的人员趴在那里一动不动。当一行人押解阿马拉尔过来的时候,一声号令,独立革命阵线的人员从四面八方冲了过来。这些逮捕阿马拉尔的人毫无防备,一下子乱了阵脚,慌忙掏出自己的手枪,开始了一场短兵相接的恶战。有些人还没来得及掏出武器,就倒在了血泊中。阿马拉尔最终成功逃离了敌人的魔掌。

可以说,这是虚惊一场,阿马拉尔得以成功逃脱。可是,后来他就再也没有那么幸运了。由于独立运动的失败和队伍内部的分歧，阿马拉尔逐渐失势。不过这个时候，他仍然掌握着很大的权力，继续积极地活跃在斗争的一线。

印度尼西亚军队的手段越来越残酷。他们采用极端的卑鄙手段，想要让东帝汶这个种族的人灭亡。他们围剿一个又一个村庄，烧杀抢掠，无恶不作。这些做法，使阿马拉尔和他领导的队伍实在是忍无可忍，他们制订一个又一个计划，以打击敌人的嚣张气焰。

经过又一次长时间的周密计划，阿马拉尔打算带领着革命阵线的人员，进行新一轮的进攻。

那是在1978年8月一天的晚上，天上没有一颗星星，周围一片漆黑，更为不利的是，天又起了大雾。阿马拉尔让人们埋伏在隐蔽的地方，避免被敌人发现。独立革命阵线的人员屏住呼吸，等待着敌人的到来。

这个时候，阿马拉尔忽然听到了脚步声。他知道，敌人已经进入了他们的包围圈。阿马拉尔率领众人主动出击，枪声此起彼伏。这偌大的山林，原本的安静被打破，喊杀声冲天。黑暗的山野里，顿时变得火光冲天。伴着地雷的爆炸，尘土飞起来，被溅得到处都是。

阿马拉尔紧张而又有序地指挥着战斗。突然在这个时候，守护在他身边的一名士兵被一颗子弹击中，倒了下来。他面目可怖，不停地呻吟着，显得非常痛苦。阿马拉尔已经接触过太多的死亡了，他每天也游走在死亡的边缘。而当这名战士倒在身边的时候，他却不能眼睁睁地看着他就这样死去。"我要拯救他。"阿马拉尔想着，然后准备动身去叫医生。而正当他小心翼翼地站起来的时候，在一旁默默观察他很久的敌兵举着枪，围了过来。他再次被逮捕了。

这次监禁，长达22年之久。被逮捕的时候，他已经42岁。

被逮捕的日子，就像是阳光被乌云遮住一样，阿马拉尔在漫长的阴冷、晦暗的生活中受尽煎熬。

阿马拉尔先是被送往了印度尼西亚的峇厘岛（现已经改为"巴厘岛"）关押。他所居住的环境，恰好和峇厘岛的美丽风景形成鲜明的对比：阴暗、潮湿的牢房死气沉沉。深陷于囹圄的他，变得格外沉默。他时刻为祖国的前程担忧着，现在却无能为力。

几个月之后，也就是在1978年10月，他被转到印度尼西亚的首都雅加达。考虑到他的知名度和影响力，印度尼西亚决定将其在家中实行监禁。

在被监禁的时光，他的行为都是受到监视的。可以说，他基本失去了自由。然而，他却有足够的时间来发现自己的兴趣和爱好。于是，他重新拿起书本，学习起历史来。他读着一个又一个的英雄人物，激动万分。而在这个时候，他也养成了一个习惯，每读完一本书一定要认真地写一篇读书笔记，发表自己的见解与看法。据说，等到他离开这个地方的时候，光读书笔记都有上千本。同时，他也开始迷恋画画，开始学习唱歌，每天定时锻炼身体。这样的日子，表面上我们看着会是十分充实的，可是这一切对于阿马拉尔来说，都只是消磨时间的方式。因为他实在是太想离开这个地方，去为国家奉献自己的力量了。

在刚开始来的时候，他的头发是漆黑而又浓密的。可是，有一天，当阿马拉尔照镜子的时候，他发现自己的头发竟然出现了一缕缕的白发，他愕然。仔细算一算，他来到这个地方被监禁的日子，竟然已经过了10年。他想：自己的家，应该还好吧，门口的那棵椰子树还结果吗？妻子是不是还像以前那样爱笑呢？儿子应该都长高了吧？上的什么大学呢？父母还健在吗？他们的白头发是不是更多了呢？想到这里，他不禁潸然泪下。

而正好在此时，他遇到了和他有着同样遭遇的古斯芒，他们成了患难之交。虽然处于监禁的状态，古斯芒却奇迹般地指挥着东帝汶的独立运动。而阿马拉尔也通过这一途径，贡献自己的力量，使自己的价值得到了发挥，他终于能够再次为国家的独立事业出一分力。

1998年，印度尼西亚的总统苏哈托迫于国内人民的压力宣布辞职。1999年，举办了东帝汶独立公民投票，结果获得压倒性的票数。东帝汶的独立终于指日可待了。尽管在当时，印度尼西亚士兵大肆地进行破坏，但是在以澳大利亚为主的世界维和士兵的帮助下，最终印度尼西亚的士兵不得不撤出东帝汶。联合国也在东帝汶首都帝力成立了东帝汶过渡性管理政府，之后，阿马拉尔终于得到平反。2000年，阿马拉尔踏上了归程。22年黑暗的监禁生活终于结束了！

当阿马拉尔出来的时候，他大口地呼吸着自由的空气，这一天对他而言，太不容易了。对于整个东帝汶人民而言，这一天他们期盼已久!

阿马拉尔的父母,早已经过世了。他回想着小时候坐在妈妈怀里的那段时光。这个时候他也终于明白,当年自己想成为一名老师的时候,父亲为何会毫不犹豫答应,因为他也和自己一样,盼着有一天,这个民族能够真正站起来。而这一天,终于快要到来了,自己的父亲却再也不能看到。他回到家中,家中已经一片狼藉,妻子也没有了踪影。最令他心痛的是两个儿子去世了。他后来知道了儿子死亡的真相:印度尼西亚军队为了找到自己,逼儿子们说出父亲的下落。他们誓死不肯交代父亲的落脚地点,被敌人残忍地杀害。他还去看他那久违的朋友,他们紧紧地拥抱在一起。曾经的青葱少年,此刻都变成了头发花白的老人。

阿马拉尔继续他的事业。祖国独立建国在即,自己一点也不能放松。他重新整顿自己的政党:东帝汶社会民主协会。2001年的时候,阿马拉尔代表东帝汶社会民主协会参与制宪会议的讨论。

05 / 重获自由，以身殉职

2002年5月20日，东帝汶民主共和国正式成立。阿马拉尔也参加了东帝汶总统选举，他的好友古斯芒以压倒性的票数赢得竞选。在当时被选为总理的阿尔卡蒂里的推荐下，他成了东帝汶的副总理。

2007年，他再次当选为国民议会议员。他在同一年加入内阁，原因是东帝汶的社会民主协会也加入了古斯芒的政府。在同年的选举中，阿马拉尔作为总统候选人，最终以排名第四位的结果落选。

阿马拉尔积极发展同中国的关系。东帝汶的领导人们一说到中国政府，始终都是高度赞扬的。这不仅仅是由于中国是第一个与其建立外交关系的国家，更是由于中国坚持平等的原则，给予了东帝汶政府许多帮助。2009年6月23日，阿马拉尔在东帝汶的首都帝力发表演说，希望中国政府能够在本国社会发展及其国内经济重建的过程中，提供更多的帮助与支持。当和中国驻东帝汶的大使傅元聪相见时,他再次对中国政府在维持东帝汶权益的问题上发挥的巨大作用表示感谢。他清楚地记得自从东帝汶国家成立以来中国对其给予的各种友好援助。

随着年龄的不断增长,阿马拉尔觉得自己的身体一天不如一天。原本强壮的身体日渐羸弱。别人都去劝他看看医生,他说:"现在国家需要我,我哪能倒下呢?"说完,又埋下头来继续工作。一天,到了吃饭的时间,警卫给他送来饭菜,远远就看见阿马拉尔趴在桌子上。他一想,这不是议员的作风呀,他是从来不会这样休息的。他意识到一定是出了什么问题,赶忙去叫来医生。

医生给处于昏迷状态的阿马拉尔进行了检查。他醒来时,医生告诉他说他患了癌症,必须在医院治疗。阿马拉尔平静地点了点头,可是等到准备给他化疗时,又不见了他的踪影。他又回到办公室,开始工作了。他的状况越来越不好,可是他仍然没有停下手中的工作。他每天仍然穿上整齐的西装,进出于办公楼,甚至别人看不出,他剩下的日子已经不多了。

阿马拉尔总是默默地为自己加油。他能够走到今天,应该是可以放轻松喘口气了。可是现在国家仍然不太平,仍然存在着很多不稳定性的因素。但是他相信这些问题一定都会迎刃而解的。自己不能就此放手,所以他决定,哪怕是生命的最后一天,也要为自己的国家多做一点工作。

2012年的春天,阿马拉尔参与东帝汶总统选举,他再次成为候选人。然而在3月16日,第一轮投票的前10天,他不得不停下手中的工作,来到医院。他躺在病床上,紧紧地闭着眼睛,偶尔有人进来,他会费劲地把眼睛露出一条缝,以示欢迎。上午10时前后,他的瞳孔开始扩散,大口地喘着粗气。医院经尽力抢救,却无力回天。阿马拉尔永远闭上了眼睛,离开了世界,离开了他深爱着的国家。这一年,他75岁。

东帝汶政府为他举行了国葬。那天,天下着蒙蒙的细雨,道路两旁却仍然挤满了穿着黑衣服为他送行的人。东帝汶的人们会永远记住他。他像一个战士,用尽自己的一生,为这个国家奋斗。未来的东帝汶,会是一个富强而又美丽的国家。那时候,在天堂的阿马拉尔,一定会开心地微笑。

Chapter 02

"亚洲的曼德拉"
——夏纳纳·古斯芒

若泽·亚历山大·夏纳纳·古斯芒，夏纳纳是古斯芒自取的名字，源自美国流行乐队"ShaNaNa"，出生于东帝汶马纳图托市的达雷地区一个教师家庭。他是东帝汶独立后的第一任总统、第四任总理。2015年2月6日，宣布辞职。

古斯芒在家乡接受中学教育，之后来到离家乡60千米的首府帝力参加工作。他的工作经历比较丰富，包括底层的小职员。当他成为一名记者之后，人生开始发生转折，他积极为争取东帝汶民主自觉而努力。1974年他正式参加东帝汶的独立革命统一阵线。1975年任阵线宣传部副主任。1978年12月他成为阵线实际上的领导人。1981年3月成功晋升为阵线领导人和东帝汶全国解放武装力量总司令。1992年11月古斯芒不幸被捕，1999年2月重新获得自由。2002年2月古斯芒担任东帝汶独立后的第一任总统。他被尊称为"东帝汶国父""亚洲曼德拉"。

读完他的简历，我们惊叹其不平凡的人生。那么，我们就来走进他充满传奇色彩的人生吧。

01 / 小城里的读书少年

1946年6月20日,马纳图托的天气格外晴朗。在这个常年下着雨的城市,难得有如此明媚的阳光。此刻,一个新的生命诞生了,他的名字叫若泽·亚历山大·夏纳纳·古斯芒。

相对于很多东帝汶老百姓来说,古斯芒是比较幸运的。因为他的父母都是当地的教师,家里的文化氛围还是不错的。在当时东帝汶的很多家庭,孩子是没有机会上学的。所以古斯芒充分利用自己的优势条件,逐渐养成爱读书的好习惯和广泛的兴趣爱好。

在很小的时候,古斯芒就表现出对书的痴迷。邻居家的小朋友,总是爱和古斯芒在一起玩。这一天,邻居拿来一个新的玩具,它的形状是长方形的,纸做的。在这个东西的表面,画着很多漂亮的东西和一些他看不懂的文字。一打开,居然是一页一页的。小男孩看到古斯芒对自己的宝贝爱不释手,赶紧把这个东西收了回来。

小男孩说："我爸爸告诉我了，这个东西叫作'书'。它很厉害的，里面会有好多东西。可以去你想去的任何地方，可以让你知道任何想知道的东西。"

古斯芒惊奇于书的这种神奇能力。他哭喊着，一定要让爸爸妈妈给自己买这个叫"书"的东西。爸爸很奇怪，孩子怎么会知道的？但是他们仍然很高兴，因为孩子喜欢书，这毕竟是一件好事。

在这个盛产酸豆和食盐的城市，总是充满着诗情画意。在这个葱绿的城市里，昨晚刚刚停歇的雨，还匍匐在树叶上，不肯离去。大海此刻变得更加广阔，在水和天相接的地方，太阳羞着通红的脸，扭扭捏捏地从海面上爬出来。海岸上的食盐，闪着耀眼的光芒，成为这奇妙的一景。原本是夏天，原本不会下雪的城市，却因这雪白的盐田，变得奇妙无穷。小古斯芒对这些景物总是充满着好奇，他把这一切都深深地印在了脑海里。

古斯芒的童年是幸福而又短暂的。因为他是家里的第二个孩子，后来，古斯芒又多了7个弟弟妹妹。在那时，人们认为，多生孩子家庭才能够兴旺幸福。

作为家中的第二个孩子,古斯芒是家里的一个支柱。此时,他在帝力外面的耶稣会高中学习。这段学习经验,对于他今后的思想,可以说是有着启蒙性的作用。他学会了严格要求自己,也形成了广泛的兴趣爱好。同时,最重要的是,学校培养了他的和平意识。然而,随着家庭负担的加重,作为兄长的古芒斯,不得不离开学校,开始为家里的生计奔波。这一年,他只有15岁。

作为一名未成年的孩子,却在此刻,开始了很多成人都难以忍受的辛勤劳动。他从事了多种辛苦的工作。

凌晨,天上的星星还在眨着眼,他就已经开始他的第一份工作:去装卸货物。沉甸甸的货物压在古斯芒的肩膀上,豆大的汗珠像雨滴一样落在地上。可是,他没有喊过一句累,他要坚持,因为他别无选择。忙完了这个工作,就要去海边帮助别人加工食盐。小时候看见这片食盐,他总是兴奋地在上面跳来跳去,甚至在上面打着滚。而此刻,同样面对这一堆堆雪白的盐,他却再也没有那种兴致。他的两只原本白嫩细长的手,由于长时间和食盐接触,已经被烧的满是伤痕并且肿得像一根根的小木棍,他再也没有时间去考虑这些了。

有一次,他在家里洗脸的时候,妈妈走过来,突然发现了这双肿大的双手,不禁心疼起来。他拍了拍妈妈的肩膀,然后赶快跑向工作地点。这个工作刚刚结束,他又要去另一个工作地点……即使是如此沉重的生活,他仍然没有放下手中的书本。晚上,他要去夜校里继续完成他的学业,继续学习他喜爱的知识,寻找着书中的魔法……每天学习到十一二点,他才躺下来休息。然而,才刚刚享受片刻的轻松时光,他又要爬起来,继续工作。很多时候,他坚持不下来了,可是一看到书中那些伟大人物的事迹,他就咬咬牙,又继续坚持下来。这一坚持,就是4年。

19岁那年,他遇见了他的妻子艾米利亚·巴蒂斯塔。

那时候,美国流行乐队的音乐风靡一时。有一天,正当古斯芒在工厂里辛苦工作时,耳旁忽然传来了一首动听的歌曲。他立刻被无线电发出来的乐声而吸引了,不自觉地放下手中的工作,坐在那里,深深地陶醉于这动人的旋律当中。当他回过神来,发现老板在旁边用恶狠狠的眼光盯着他。他赶紧站起来继续工作。可是,这个声音一直在他的耳边萦绕。他不知道这首歌是谁唱的,可是歌曲的旋律让他莫名的震撼。

他一直沉浸在这个动人的美妙旋律中。晚上,他又继续在夜校里读书,这时候耳边突然传来了一句句轻轻哼唱的歌曲。声音虽然很低,但是很婉转动听。他仔细一听,突然觉得很熟悉。这首歌曲,不正是上午自己听得入迷的那首吗?他寻声找去,看见一个女孩的嘴正在颤动着,他肯定这就是发出声音的那个女孩。他再次沉迷了,甚至发现那个唱这首歌的女孩也让他怦然心动。女孩告诉他哼唱的那首歌是美国流行乐队 ShaNaNa 推出来的新歌。

古斯芒和艾米利亚聊起来,他们就这样渐渐熟悉了。后来,古斯芒就以这个乐队的名字给自己起了名,而艾米利亚也用里面的歌词给自己起了一个名字。

02 / 参加东帝汶独立革命阵线

1966年,古斯芒获得了公共服务的职位,他又继续了他的求学。可以说,他就没有停止过求学。然而在1968年,他受教育的机会再次被中断。也正是这一年,他的命运开始迎来了转折。

这一年,葡萄牙的军队开始招募国民服役员。而古斯芒也因为这一次招募,进入了军队,服役3年。在这3年中,他接触了广阔的世界,学会了很多的东西。也许是由于以前贫困生活带给他的历练,他很快就适应了军营的生活。

1971年,古斯芒完成了他的国民服役生活,这一年他的生活也发生了巨大的变化。他和艾米利亚的爱情结晶,他的大儿子尤金尼奥出生了。

这个时候,他也参与了一个由若泽·拉莫斯·奥尔塔领导的民族主义起义——一个针对殖民制度的和平抗议活动。在他参加这个起义军队前,遭到家人的强烈反对,尤其是他的妻子艾米利亚。

"现在，孩子出生了，你却要参加这个什么起义军队，你让我怎么生活？"

"现在，我们的民族处于葡萄牙的殖民统制，已经经过了400多年，却从来没有人敢站出来。现在有机会了，我怎么能无动于衷？我们不能只顾个人，而不去管这个国家。如果每个人都这样，我们就永远处于奴役之下，永远没有喘息的一天。亲爱的，我相信你，你会支持我的，也会懂我的。我相信你！"

妻子沉默了。丈夫有自己的事业，自己怎么能够不支持？她强忍住泪水对他说："你走吧！家里的一切我会照顾好的。我相信你。但是，你要答应我一定要好好活着。"

就这样，妻子承担了家里的一切事物。砍柴，担水，种地，照顾孩子……

古斯芒离开了这个家，开始踏上为民族独立而奋斗的道路。这一开始，就没有停下来他的脚步。

1974年葡萄牙爆发了康乃馨革命，萨拉查被迫下台，葡萄牙陷入了两年的骚乱与动荡时期。葡萄牙的殖民地也纷纷脱离了它的统制。隔年，东帝汶独立革命统一阵线成立，古斯芒就是这个阵线的创始人之一。

虽然古斯芒上学的事情总是被迫中断,但是他爱读书这个习惯却始终没有改变。这一天,作为一名记者的他来到图书馆,翻看着一本又一本的书籍。当他正准备离开的时候,突然看到在门口插着的一本书籍。这本书并不是很厚,蓝色的封皮,看起来也并没有什么起眼的地方。可是不知为什么,古斯芒就是突然有了一种想法:这本书应该不错吧!于是他将书抽出来,只是随手翻了一页,就被书中充满哲理与深度的内容深深的吸引了。他对这本书变得爱不释手,又重新回到座位上,认真地翻看起来。第二天早上图书馆还没开门,他又早早地等在门口。花了几天时间,他把这本书读完了。古斯芒热血沸腾,古斯芒模仿这个葡萄牙诗人贾梅士的史诗《葡国魂》,创作了一首诗歌,表达他自己的爱国心志。他也因此获得东帝汶诗歌创作奖。

1974年底,为了保障革命事业的顺利进行,古斯芒移居澳洲。

1975年11月他在印度尼西亚挥军占领东帝汶前一周回到东帝汶。印度尼西亚占领东帝汶后,他参加了反印度尼西亚游击队"东帝汶独立革命阵线"。这支游击队装备简陋，包括弓箭及抢自印度尼西亚军的武器。

不久之后，葡萄牙总督马里奥·莱莫斯·皮雷斯宣布授予殖民地独立，制订了计划举行大选，以期在1978年实现独立。然而，在1975年大部分时间里，葡萄牙帝汶两个对立派别之间发生了一场艰苦的内战。古斯芒也因此卷入了其中。

1975年的一天，乌云密布。古斯芒走在马路上。此刻，人烟稀少，街上偶尔有几个行人走过。他突然察觉到后边有几个人跟着自己。他试图将他们甩掉，但是他们却来到古斯芒身边。

"古斯芒先生，恐怕你需要和我走一趟了。"古斯芒被帝汶民主联盟的敌对派逮捕并监禁。

在监狱中，一开始是印度尼西亚军队企图收买古斯芒，但他始终没有一丝动摇。不久，情况出现了转机。经过东帝汶人民的不断努力，东帝汶的独立革命统一阵线控制了葡萄牙帝汶。古斯芒也幸运地从监狱里被释放，他终于呼吸到了自由而又新鲜的空气。

从监狱中释放出来的古斯芒,并没有被狱中的残酷的生活而吓到,反而更加坚定了他革命的信心。他成为独立革命阵线的新闻秘书。1975年11月28日,独立革命阵线单方面宣布葡萄牙帝汶为"东帝汶民主共和国"。古斯芒负责拍摄仪式。

这一天,天气晴好。古斯芒怀着激动的心情,他要用他的摄像机,拍下这伟大而又难忘的时刻。人们都以为,作为一个独立的国家,东帝汶真的可以开始自己的新生命了。然而,这刚刚发出嫩芽的花朵,还没来得及充分享受阳光的温暖,就再次迎来了一阵暴风雨的洗礼。

独立仪式后的第9天,印度尼西亚军队残暴入侵。他们的军队,从山上进去,杀害了许多当地人民。据统计,在其入侵的第一年,就有10万多的人死于屠刀之下。

此后,东帝汶的邻国,印度尼西亚频繁袭击葡萄牙帝汶。在这种情况下,与东帝汶隔海相望的澳大利亚,有不少人权主义者关注着这一切,他们想要将印度尼西亚的行径昭告天下。1975年底,参与相关报道的澳大利亚的5名媒体工作者被残忍杀害。

古斯芒目睹了这一切,这不是他第一次接触死亡,但是这次,死亡却深深触动了他的心灵。那些手无寸铁的女人、孩子倒在了山坡上。他特别担心自己的孩子和妻子,花费了几天几夜的时间,回到自己的家中。他看见妻子正在屋里洗衣服,孩子已经会在地上跑来跑去。他心里悬着的石头终于放下了。

"现在,国家已经到了生死存亡的时刻了。原谅我,不能好好地照顾你们,等到胜利的那一天,我一定会好好弥补我对你们的亏欠。"他对妻子这样说。然后,他把家人安顿在安全的地方,又去继续他的战斗。

03 / 身陷囹圄,指点江山

印度尼西亚开始任命"东帝汶临时政府"。1978年12月,独立革命阵线的领导人洛巴托去世,古斯芒"受命于危难之中",指挥着"革命阵线"的各项工作。

1981年3月,古斯芒主持召开"东帝汶独立革命阵线"第一次会议,并被选举为阵线领导人和东帝汶全国解放武装力量总司令。这时,他参加了大量的抵抗活动。这时候的抵抗活动,变得犹为困难。但是,古斯芒没有丝毫的畏惧和退缩。他甚至去各个村子宣传自己的思想,以期获得最后的成功。

1983年,他代表独立革命阵线和印度尼西亚的军方进行了首次的和平谈判。为了这次谈判,他做了很多努力,甚至遭到很多次的暗杀。最终,这个谈判还是破裂了。

由于他的高调,古斯芒成为印度尼西亚政府的主要打击目标。他于1992年11月被印度尼西亚当局捕获。1993年5月,古斯芒被印度尼西亚政府审判,定罪和判处无期徒刑。根据《印度尼西亚刑法典》第108条、第12条和第106条,他被判有罪。这一判决于1993年8月被印度尼西亚当局改判为20年。古斯芒被关在雅加达的监狱,这个监狱戒备极为森严。

狱中的生活极其艰苦,古斯芒仍然没有妥协,他要将自己的抗争进行到底。他坚信,东帝汶的大多数人是支持独立的,只要坚持下来,就一定能够取得胜利。于是,他认真研究以前的策略,总结以前的战斗经验,同时,在约瑟·拉莫斯·奥尔塔的帮助下,他在狱中也能把指示传递出去,奇迹般地指挥着东帝汶的武装革命斗争。因此,他被称为"亚洲曼德拉"。他们都是为民族解放事业而献身,经历了漫长的牢狱生活,并且都主张用和平的手段来争取民族的和解。

1999年2月,印度尼西亚政府在国际社会的压力下,考虑到古斯芒的声望,作为政治犯,允许其在家中实行监禁。他失去了自由,甚至连上厕所都有人跟着。在这些日子里,他发展了很多兴趣爱好。他觉得,要想真正获得成功,还需要获得国际社会的支持。于是,他在软禁中学习了英语、印度尼西亚语和法律知识。

一次,当他在被软禁的家中唱着自己曾经最爱的ShaNaNa乐队的歌曲时,竟然手舞足蹈起来。看门的侍卫,一脸的无奈。用自认为古斯芒听不懂的印度尼西亚语,小声的嘀咕到:"天呐,饶了我吧!这水平,还好意思唱出来。"古斯芒不甘示弱,用自学的印度尼西亚语,回敬了一句:"你好。"又用门卫不懂的葡萄牙语"回敬"了他。

1999年8月,在联合国的主持下东帝汶举行全民选票,结果是除了四分之一的东帝汶人希望继续接受印度尼西亚的管理外,剩下的都渴望获得独立。印度尼西亚新上任的总统哈比比不得不接受这个结果。9月,印度尼西亚人民协商大会通过决议,正式允许东帝汶脱离印度尼西亚。

1999年9月7日,古斯芒获得了提前释放。两天后,却传来了晴天霹雳。他已达80岁高龄的父亲,被反对独立运动的武装分子残忍杀害。据说,当时古斯芒的父亲正在家里悠闲地看着一本书。他虽然年纪大了,但是身体还很硬朗。"当当当"一连串的敲门声非常粗暴。他意识到可能会有事情发生了。他赶忙告诉家里的人,不要收拾东西,外面有人要进来了,你们能逃的尽快想办法,剩下的一切,就交给我吧!父亲还是悠闲地看着书,外面的敲门声越来越猖狂。父亲大喊道:"有什么事情吗?"外面的人说:"死老头,快开门。"他没有动,安静地坐在那里。他们使劲踹着门,把门踹开了。这个时候,一个人掏出来手枪,斯芒的父亲就这样被残忍地杀害了。

古斯芒回来后,听到这个噩耗。他的母亲、妹妹和妹夫也不见了踪影。古斯芒不禁泪流满面,他觉得对于这个家庭,亏欠的太多了。古斯芒在年轻的时候,就已经离开自己的家乡,由于忙于革命事业,往往几年才回一次家。他连父亲最后一面都没有见到,现在其他人也不知道下落。他痛苦压抑得无法呼吸,但是他依然要大步向前。

1999年10月22日,古斯芒终于回到阔别已久的东帝汶首都帝力。当他踏上祖国领土的那一刻,许多人为之流下了激动的泪水。他们热切盼望着这个国家的领袖的归来。古斯芒发表了讲话:"我们25年的努力向世界证明了我们的态度。这场斗争十分艰巨,我们的苦难岁月实在是持续得太久了。"他以手指做出胜利的姿势,并且高呼:"东帝汶万岁!"这一天,在整个帝力的街道,都回响着这个令人激动的声音:"东帝汶万岁!"

04 / 总统府里的摄影爱好者

1999年开始,联合国开始筹备东帝汶的大选和建国事宜。古斯芒则成为开国总统候选人呼声最高的一位。然而,他却并没有表现出多大的欲望,反而想要退出政坛。因为在他的眼里,自由自在的日子远比坐在总统席上来得自在。甚至他还戏言道:"当总统是个不干活只拿钱的工作,不是吗?"

在2000年担任东帝汶抵抗运动全国委员会领导的时候,他就曾经递交过辞呈。但是,遭到了人们的一致反对。不得不说,古斯芒还真是一个有个性的人啊!就从他的名字"夏纳纳"我们就可以看出来了。古斯芒的兴趣广泛,音乐、舞蹈、画画都很喜欢,对摄影更是情有独钟。

在2000年的时候,还发生过这样一件有趣的事情。有一次,古斯芒正在和澳大利亚工作人员谈着一项重要的合同,却突然不见了踪影。原来,他竟然跑到了记者堆里,兴致勃勃地拍起照片来。2001年8月的一次签署和平条约的会议也是这样。这次会议,有5000多人。然而,他就是不愿意坐在主席台上，而是再次跑到记者堆里，忙起他最爱的摄影。两旁的记者纷纷让开。看到这一幕，保镖们纷纷走下台去，紧紧地贴在他的旁边。他对摄影的爱好，就是痴迷到了这种地步。只要一空闲下来，他就会拿起心爱的摄影机，去捕捉大千世界的每一个令人惊喜的镜头。当时，他曾经提出要退出政坛，来完成他的爱好。但是，东帝汶人民是绝对不会同意的。

2002年，这是一个令全国人民都震撼的日子。这一天在联合国的帮助下，在古斯芒等人的共同努力下，东帝汶民主共和国终于成立了。同时，在这一天，联合国旗帜也缓缓落下，结束了其对东帝汶两年半的管理。在这东帝汶的第一个建国庆典中，包括时任联合国秘书长和中国的外交部部长在内的90多个国家领导人和政府代表都来到现场。同时中国也成为第一个与其建交的国家。中国政府和人民表达了对东帝汶成立的良好祝愿和热烈的祝贺。而在此后的日子中，中东双方的关系也越来越深厚。

这一年，举行了总统大选。在东帝汶的首都帝力，问任何一个人，他们都会异口同声地说他们心目中东帝汶的首位总统是古斯芒。4月14日，古斯芒以82.69%的选票当选为东帝汶的首位总统，这个结果，是众望所归的，也是意料之中的。作为开国总统，古斯芒的任务非常艰巨。

首先便是经济发展。没有经济的发展，任何方面都不可能得到很好的发展。由于东帝汶山地比较多，大多数人主要从事农耕生产。家里的妇女主要是照顾孩子、农耕等各种劳作，男人则主要负责打树上的椰果，有些靠近海边的地方，会出去打鱼。大多数的家庭温饱问题难以解决，但是，几乎每个家庭却都有七八个孩子。

其次是教育方面的问题。教育是一个国家的大事。没有教育，任何一个国家不可能兴旺发达起来。但是，这就又有一个问题横亘在古斯芒前面——推广本国语言问题。由于长时期处于殖民统治之下，各个部落之间的语言甚至都不能相通。就此，古斯芒曾经大声疾呼：东帝汶要在历史和语言上明确自己的"身份"，就必须与印度尼西亚的关系脱离得干干净净！所以，他们积极推崇两种语言：德顿语和葡萄牙语。

还有，古斯芒倡导实行多党联合执政，然而，当时即将担任新政府总理的阿尔卡蒂里，却不同意这种看法。他和那些流亡海外的很多政治家，都和古斯芒有着不同的意见。古斯芒该如何去改变这种状况呢？他翻来覆去地想着这些问题。在监狱的时候，他想着斗争的各种战略策略，可是，今天面临的问题，更加令人头痛。这些问题的解决，都需要他去努力。是的，古斯芒在做的这些努力，他自己的行动，感化着每一位东帝汶人。

有一次，他乘车去某处参加会议。可是，当时路上很拥挤，并且没有警察指挥。这个时候，身为总统的古斯芒对身边的司机说"你等我一下"。说着，就打开门。司机很是好奇，在这个喧闹的大街上，他要干什么呢？古斯芒下车之后，整理了一下自己的衣服。没想到，他竟然充当了临时的交通警察的角色，有板有眼地做起指挥。看到这一幕，很多东帝汶的民众也都停下脚步来，听从指挥，直到公路畅通无阻。

在古斯芒回家的晚上，可爱的孩子对他说："爸爸，我听说您今天当了交通警察。我在电视上看到报道了。"

"那当然了。"古斯芒一脸骄傲。

"但是,我看了那个视频之后,想告诉你一个事实。"

"什么事实?"古斯芒疑惑地问。他不知道这个小家伙想要说什么。

"我不得不告诉你,你的动作实在是太不标准了。"

从他和孩子的关系中可以看出,他不仅是一位才华横溢的政治家,也是一位好爸爸。然而,这种好总统、好爸爸,却总是会不自觉地处于险境之中。

2007年4月选举总统的时候,他本人拒绝再次连任总统。但是出于民众的爱戴,最后于8月8日,他就任了东帝汶第4任总理。2008年,当选的拉莫斯·奥尔塔总统腹部中弹,古斯芒所乘坐的车在车队中被击中。古斯芒的住所也被反叛者占领。美联社说,当时有人提出发生政变的企图,也可能是暗杀或者是绑架。幸运的是,古斯芒在恐怖袭击中安然脱险。

渐渐地,东帝汶的发展步入正轨。尽管现在东帝汶仍然需要国际社会的援助,并不富裕。但是它已经和多个国家建立良好的外交关系,还有多个国家也对其伸出了援助之手。中国为其提供了大量的援助。

2014年4月8日，古斯芒来到中国，国家主席习近平在北京人民大会堂会见了古斯芒；同天，全国人大委员长张德江也会见了他；4月9日上午，国务院总理李克强在海南省三亚市同古斯芒举行了会谈。

2015年2月6日，古斯芒宣布辞职。早在政府任职期间，由于长期的分居和思想上的差距，他和他的第一任妻子妻子艾米利亚的婚姻亮起红灯。随着矛盾的加深，他和他的第一任妻子艾米利亚离婚了。现在他的妻子，是一名澳大利亚女士。他们再次有了可爱的孩子。他们的爱情可以说是革命友谊，一起哭过一起笑过，相互了解彼此的秉性。现在的他很快乐，但是他并没有忘记自己的前妻，仍然会给她提供帮助。

终于，古斯芒有机会扛着自己的摄像机，奔走在大街小巷，拍自己喜欢的人和事；终于，他又可以哼唱着自己的歌曲，尽情摇摆；终于，他可以陪在家人身边，给他们讲着有趣的故事。古斯芒永远是东帝汶人的骄傲，世界的榜样。

一茶路

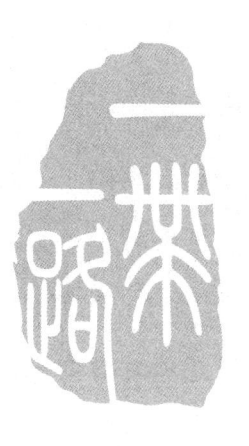

Chapter 03

爱国赤子心
——卡洛斯·菲利普·西门内斯·贝洛

1996年，诺贝尔和平奖颁发仪式正在进行着，当主持人宣布东帝汶的卡洛斯·菲利普·西门内斯·贝洛和若泽·拉莫斯·奥尔塔的名字时，台下响起雷鸣般的掌声。他们二人的获奖是众望所归的。我们都知道，奥尔塔最终成为东帝汶的第二任总统，带领东帝汶人大刀阔斧地整顿、治理这个新生的国家。而另外一位，西门内斯·贝洛又是谁呢？

卡洛斯·菲利普·西门内斯·贝洛(1948—)生于东帝汶包考的一个教师家庭。1968年毕业于神学院。他并不是一位政府官员，而是一位宗教领袖。他以诚心奉献宗教，先后到过澳门、葡萄牙、罗马等地进修哲学和神学。1980年被晋铎。1988年被教宗任命为帝力教区宗座署理，在洛留姆教区担任主教一职。贝洛支持东帝汶人民通过直接投票决定自治或脱离印度尼西亚。他与其他主教共同倡议成立和解委员会，与东帝汶对立两派频繁对话，对东帝汶公投的顺利举行发挥了重要作用。

1996年他和若泽·拉莫斯·奥尔塔一起获得诺贝尔和平奖。而他们此次获奖的理由是："为寻求和平解决东帝汶问题做出了重大贡献。"此外，他还曾获得由葡萄牙政府颁发的自由勋章。2002年他向圣座请求荣休。

01 / 敏感而又坚强的个性

卡洛斯·菲利普·西门内斯·贝洛出生于东帝汶包考这个地方，他的父母是一对令人羡慕的恩爱夫妻。父亲是个教师，一直以来都受到当地人们的爱戴。他谦虚、谨慎、乐于助人。乡亲们都知道，他有一个特殊的爱好，那就是对神学特别着迷。因此，只要乡亲们在这些方面有不懂的问题时，都会跑来这里向他请教。而他都会耐心地进行解答，他也因此在这个小小的村庄出了名。其母亲是一个土生土长的农民。她没有读过几本书，但她身上所具备的品质：温柔、善良、体贴等美德，足以掩盖她没有文化的小缺憾。自从他们结婚之后，丈夫开始教她读书、识字。她进步非常快，丈夫都感到非常的吃惊。然而她最感兴趣的事情，也是和丈夫一样，那就是痴迷神学。他们一起敬畏神，一起去虔诚地祷告。1948年2月3日，那是他们结婚后的第12年，他们的第5个孩子出生了。两个人一起给他起了个名字，叫作贝洛。他们希望这个孩子能够继承他们的神学思想,并且能够将其发扬光大。因为以前的4个孩子,在这方面没有任何兴趣。

正如他们所期盼的,孩子出生后,就表现出对神的敬畏和热爱。孩子小的时候一般都比较爱哭。当孩子哇哇哭起来时,大人们都会想尽各种办法,安抚孩子,让孩子停止哭泣。而对于小贝洛来说,只有一招特别管用。那就是每当爸爸妈妈祷告的时候,他都会安静地躺在一边,立马停止哭泣。夫妻俩非常高兴,孩子也和他们一样,喜欢神学呀!

然而,在小贝洛2岁的时候,爸爸突然倒下了。他躺在床上,奄奄一息。孩子们都围在父亲的身旁,妻子怀里的小贝洛不能走路。丈夫对几个大孩子说:"我不得不离开了,贝洛还小,你们要替我照顾他,照顾好妈妈。"话还没说完,他的手就垂了下来。

不难想象,这个只剩下孤儿寡母的家庭生活有多艰难。最大的孩子也刚刚只有14岁,家里的重担都落在了几个孩子的身上。

贝洛的哥哥,小小的年纪就已经开始了一份又一份的工作。贝洛的姐姐为了减轻家里的负担,她不得不停止了自己的学业。为了这件事，她曾经痛哭了一晚又一晚，但是她没能力改变这个事实。以前父亲在的时候，还会给她指导功课，可是现在她只能翻着父亲留下的书默默流着泪。

妈妈总有农活要忙，这个时候小贝洛也已经会走路了，看管他的任务就交给了仅仅比他大3岁的哥哥身上。哥哥出去玩的时候他总是跑在后边大喊着："哥哥等等我！等等我嘛！"

时光在慢慢地流逝着，家里的状况逐渐得到好转。大姐也已经结婚了，尽管她结婚的时候还不到16岁。哥哥也凭借着自己吃苦耐劳的精神，赚的钱也越来越多。小贝洛长大了，妈妈把果园和土地经营的也不错。

这段童年时光对于小贝洛来说并没有多少悲伤的气氛，让他最为难忘的是乡亲们对于宗教的狂热，还有他与宗教之间的莫名的亲近感。

小小的贝洛在学校里，并不是十分快乐。在1941年的时候，葡萄牙把殖民地的教育机构交给了天主教会。他们修建起一个又一个的教会学校，但是在学校里上学的学生大部分是葡萄牙人或者混血人。像贝洛这样的土著居民，

东帝汶8人传：追求自由之国

没有地位也没有上学的机会。小时候的贝洛，脆弱而又敏感。所以他只能够通过努力学习来证明自己。他的性格有些内向，喜欢一个人蜷缩在角落里，看着自己爱看的书，读着自己喜欢的故事。从那个时候起，他就非常的敬佩马丁·路德这个宗教界的一位伟人，希望自己以后能够成为一个像他那样的伟人。

这天，他看书看的正入迷。他的同学，一个傲慢的葡萄牙人来到小贝洛身边，摘掉他头上的那顶破帽子，在同学间扔来扔去。小贝洛去抢自己的帽子。那个调皮的葡萄牙人接过帽子后，对贝洛说："穷鬼，你想要这个对吗？"贝洛点点头。"想要就叫我一声爸爸，你的爸爸就是我！"小贝洛脸被气得通红，握紧拳头准备出击。那个人一下子把帽子扔在地上，用脚使劲踩了几下，然后踢到贝洛旁边，说："穷鬼，捡起来吧！爸爸赏赐给你了！"贝洛抡起拳头，朝着那个人打去。两个人厮打在一起，结果都被打得鼻青脸肿。

这件事最终传到了校长那里。他打听到，贝洛是一个非常努力的孩子，成绩总是在班里考第一。贝洛一向非常安静，而另一个学生总是调皮捣蛋，成绩不好。可是由于他是葡萄牙人,而且还有一定的人脉,校长是个势力的人,他惩罚了贝洛,对另一个学生却不了了之。贝洛委屈极了,但是他只能忍耐。在每天祷告和做弥撒时,他的心才能获得了平静。

他本想退学,离开这个可恶的人。可是他没有。他不仅不能走,还要干出一番成绩来。从那时候起,小贝洛就想,将来一定要自己为自己做主,让那些欺负自己的人离开。

贝洛小的时候把希望寄托在神明之上,他的祷告更加虔诚,他的弥撒总是认真完成。

02 / 孤单而又自信的追求

贝洛的成绩越来越好,他通过自己的努力,给自己争取了一个又一个的机会。他还到澳门学习过一段时间。1968年,他从神学院毕业。

那个时候,中国澳门仍处于葡萄牙的殖民统治之下。当葡萄牙人来到澳门这个古朴而又传统的城市后，他们在这个地方建立起一个又一个的教区，然后将其所推崇的宗教思想传播到各地。时至今日，我们仍然能够看到，在澳门街区的那一排排的教堂。

贝洛来到这里，感受着各种交融的文化，品味着读书的乐趣。他要学习的科目有10多种，科科考试都是第一名。在同学眼里，他就是大神级的人物，很多人听说过他的大名。

记得在当时，有一本和哲学相关的书非常盛行，很多学生争相买来看。可是好多人往往是只读里面的第一章或者几页，就读不下去了，因为内容艰涩而又枯燥。贝洛也买了一本。可是，没用一个月的时间，他就已经读了第一遍。是的，在读第一章的时候，他也觉得内容太难懂，有些枯燥无味，可是他却感觉书像有魔力似地吸引着他。让他一次又一次拿起来。真正读下去时，他惊喜地发现，书中的内容太有意思了。这本书向他打开了又一个世界的大门。现在他已经深深地爱上这本书，并且放在枕边。

这个时候的他，除了每天要做功课之外，还要认真地祷告、做弥撒。总之，没有一分钟的时间是浪费的。他充分利用学校里的图书馆，抓紧一切时间去读书，有时候连饭都舍不得吃。

他实在太累了，有一次，他晕倒在图书馆。旁边的同学以为他在睡觉，可是当这位同学再次抬头时，他发现情况不对，突然意识到了有问题，上前使劲摇贝洛，看他没有任何反应，又赶紧叫来图书管理员，然后几个同学一起把他送到医院。这件事成了学校的新闻。因为大家第一次听说因为学习而累晕的。当时在学校周围的人家，谁家孩子不努力学习，父母就会提到贝洛的名字，让孩子们向他学习。

这次生病，使他有时间停下来思考一些事情。他几乎把自己的时间全部都献给了书和学习，所以他身边的朋友不多。他总是显得非常孤独，身体健康的时候不觉得。现在生病了，自己身处异国他乡，没有母亲和家人的陪伴，孤独感油然而生。于是他下定决心，等自己身体好了之后，一定要去交一个朋友，把自己的心窗打开。

尽管身体非常虚弱，可他不会忘记每天固定的祷告和弥撒。在他的心中，他始终相信，神一定会帮助他摆脱自己的困境。也许真正的相信神，就是默默地去做每天应该做的事情，这样你心中的愿望就能实现了,这也就是信仰的力量。

经过几个月的休息,贝洛的身体恢复了健康。当他回到学校时,大家发现他发生了惊人的变化。他不再是以前那个木讷又内向的男孩子了,而是变得开朗与阳光。

他开始和周围的人打成一片,他学会了打篮球,和同学们一起奔跑在校园的操场上。以前他从来不这样活泼,于是同学们也不再对他敬而远之,他也感受到了同学们的深情厚谊。他在欢笑声中,结束了自己的留学生活。

这个时候,葡属帝汶已经开始有独立运动在不断的酝酿当中。他在自己的家乡短短的停留了几个月。这次的回乡,给了他巨大的感触。长期在国外的生活经历,让他见识了外面的广阔世界。在世界各国工业化的大型机器都在发出"隆隆"声时,他生活的地方却仍然是刀耕火种。饥饿、疾病、贫穷困扰着这里的人民。是的,他自己也曾经贫穷过,所以能够深深地体会到其中的痛苦与无奈。所以他不想让这里的人再受苦!他每天在家祷告,祈祷,希望用自己的虔诚感动上帝。恳求神能够把祝福赐在这个地方。他想自己应该充实自己,以后才能有能力去拯救这个地方。

03 / 火热而又执着的情谊

贝洛再次开始了自己的神学学习，他先来到葡萄牙，这个曾经统治东帝汶上百年的国家。他会说葡萄牙语，来到这里，他并没有语言上的障碍，这使得他轻松不少。在这里，他结交了自己的好友马拉。

贝洛来到葡萄牙进修哲学和神学，一旦有空闲的时间，就去当地的修道院帮忙。然而这里的人员并不是那么友善。一开始他来的时候，人们非常欢迎他，认为他这样一个学历高的人来到这里，是一种荣耀。可是渐渐的，他们就开始露出了自己的本质。他们让贝洛做一个又一个粗重的工作，打钟、扫地、收拾废物和垃圾，故意拖延他的时间，以至于使他不能专心地做功课。可是，贝洛都用自己满心的虔诚，去做着这些事情。

有一天，他走在路上，边走边看手里的圣经，忽然传来一阵嘈杂的声音。他抬起头来，看到一个人被马车撞翻在地，可是那个撞人者却若无其事地驾着马车扬长而去，马蹄上的血痕在马路上留下一个又一个的印记。

贝洛赶快把手中的书合上走过去。然而没有一个人愿意帮助这个躺在地上呻吟的人。贝洛非常心痛。他拦下一辆车，把伤者抬上去，然后把他送到医院。他把身上所有的钱都掏出来，先给这个人付了药费。

经过抢救，这个人终于醒了过来。他睁开眼睛，看到眼前这个陌生人。他有一双明亮的眼睛，有些发黑的皮肤，身体十分高大。贝洛微笑地伸出双手，自我介绍说："你好，我是贝洛，我不知道你家人的联系方式，所以现在就先陪在你身边。"那个人很快就明白了贝洛的意思。他虚弱地说，自己叫马拉，感谢他的帮助。他的家人就在离这里不远的地方，希望贝洛能够帮助他，把自己的家人叫过来。

贝洛按照他说的地址，找到了马拉的家人。给他开门的是一位美丽的姑娘。她有一头卷发，有非常迷人的眼睛、曲线优美的鼻子。贝洛说："女士您好！我的名字是贝洛。我来到这里，是要向你传达一个不幸的消息。你的父亲马拉就在几个小时前，不小心被马车撞到。我把他救助到医院……"

姑娘强忍住泪水，连鞋都没来得及换，就匆匆忙忙地来到医院。待他们父女相见，贝洛就悄悄离开了。

回到学校之后，因为帮助了别人他感到充实而又幸福。但是当他掏出来书本学习时，脑海中竟然不停地浮现那个姑娘的形象。他努力安下心来，重新投入书本的世界里。

没想到在半个月后，他又碰到了马拉。马拉一眼就认出自己的救命恩人。他一把拉住贝洛的手，邀请他一定要到自己的家里做客。贝洛推辞不过，随马拉到他家中。马拉反复表达感谢。贝洛觉得不好意思了，他告诉贝洛，自己现在正在进修哲学和神学。马拉凑巧和他有共同的爱好，两人兴奋地讨论起来，顿时感觉相见恨晚。等到他准备离开的时候，马拉的女儿正好进来。马拉已经告诉贝洛，女儿的名字叫娜丽塔，他们俩现在相依为命。

就那一瞬间，贝洛的心再次掀起波澜。他回想着娜丽塔的笑容。娜丽塔现在也是一名大学生，当她知道贝洛救助自己的父亲时，对这个高大的贝洛就顿生爱慕之情。当再次见到贝洛时，她的心不由自主地激动起来。

贝洛每天来到马拉家里，向他请教有关哲学的问题。其实，他来的另一个原因就是希望看到娜丽塔。有时候娜丽塔也会加入他们的讨论,那段时光,充满着阳光与爱的味道。

娜丽塔也觉察到了贝洛对于自己的爱意,她一直在等待贝洛向她告白的那一刻。可是一天,两天……半年过去了,贝洛始终没有任何行动。贝洛何尝不想呀!但他一次又一次控制住自己的感情,陷入到深深的矛盾之中。

正在这个时候,家里传来消息:印度尼西亚的政府已经侵占了东帝汶。他们对当地的人民实行了非常残酷的政策,很多人倒下去了,几十万人逃离家乡。贝洛的一个哥哥,也因为印度尼西亚残酷的封锁政策,被活活饿死,撇下8个孩子……

他悲愤至极,那颗被爱情燃烧的心冷静下来。这天,贝洛像往常一样来到马拉的家中。马拉有事出去了,只有娜丽塔在家里,他有些不知所措,说话有些颤抖,他说:"我觉得,我可能爱上你了……"娜丽塔害羞地低下了头。

他平静地说:"可是,我想我应该走了……"娜丽塔呆在那里。是的,贝洛决定放弃自己的爱情。但是他仍然用充满感激的心去感谢娜丽塔,感谢马拉。在和马拉相处的这段时光,他学习了更多前所未知的知识。

他再次来到马拉家向他们告别。他应该去为东帝汶去奋斗了。贝洛来到罗马,继续进行他的学习,直到1980年他被晋铎为神甫。

04 / 勇敢而又淡泊的精神领袖

1981年贝洛终于回到阔别已久的故乡。这个时候他已经43岁。他的上半生基本是在留学与漂泊中度过。现在,他的人生开始了新篇章,开始了为国家奔走呼号的新生活。

他在法图马卡学院任教员和院长。以前在国外的时候,对于东帝汶的了解,只能算是"道听途说",而现在的他,亲身感受了这个国家人民的灾难。

1977年,贝洛还在国外,大量的葡籍教士和大量的混血后裔离开了东帝汶。他们的撤离,给天主教东帝汶文化创造了条件。也正是在这一年,东帝汶人马丁·胡·达·科斯塔·佩洛斯出任帝力主教。这开创了东帝汶天主教的新历史,那就是终于有了自己的教会领袖。这一年,是东帝汶的宗教真正的发生转折。很多年轻人担任宗教各阶层的重要角色。他们这些人,都同样经历了这个动荡的时代,对于印度尼西亚的残酷暴行都有亲身感受。他们想通过自己的努力来改变东帝汶的状况,但是按照教规他们必须保持中立,所以他们总是想尽办法,通过各种不同的形式为当地的人民代言。这个时候的宗教,在东帝汶再也不是殖民统治的象征,而是成了东帝汶民族的宗教。

经过东帝汶从教人员的不断努力,教会的力量得到了壮大。这个时候,教会面对东帝汶的苦难再也不能袖手旁观。他们开始用自己的声音,为东帝汶人大声发言。

一次宗教集会上,有一万多人参加,会议非常盛大。东帝汶天主教洛佩斯主教含沙射影地谴责印度尼西亚军队,并且批评世界天主教会对东帝汶状况的冷漠态度。这个时候,印度尼西亚方面着急了,他们采用强硬的手段想要东帝汶教会及早改变方向,去支持印度尼西亚军队。这个如意算盘打得很响,但是洛佩斯坚决不表态,反而通过各大教会的统计，揭露了印度尼西亚军队在东帝汶所犯下的滔天罪行。最终，他不得不被迫辞职，但是他仍然坚持一腔热血地为东帝汶的人民做着抵抗。

继承洛佩斯主教位置的人，就是贝洛。1983年贝洛被梵蒂冈任命为帝力教区教徒主管。然而他的上任并不被看好。因为在东帝汶人看来，贝洛一直在国外研究宗教神学，并且从来不曾在东帝汶的教会中担任过任何职务。他们怀疑他的能力，也怀疑他的忠心。

面对质疑，贝洛主教开始深深地思考，该实行何种政策才能让东帝汶人民不再受到苦难。他认为这个时候是为人民尽心尽力的时候，他们质疑他的能力，是因为没有看到他的那颗火热的爱国之心。

在短短的两个月内，贝洛主教就开始实行了自己的计划，开始公开抵抗印度尼西亚军队。他在讲道中抗议印度尼西亚军方逮捕东帝汶人的事实。

那一天，在教堂中聚集了很多的听教人士。他们已经听说了贝洛的大名并且知道他在神学研究方面有着很深的造诣。原本，贝洛拿着自己准备好的演讲材料，可是当人们安静下来时,他临时做了一个决定,将手中准备好的内容放在一边。他站在人群面前,用洪亮的嗓音说:"在宗教中,我们总是强调对这个世界要充满爱,对受苦受难的人保持仁爱。可是你们现在却对东帝汶成千上万人民的苦难视而不见。1975年,印度尼西亚入侵东帝汶的第一年,就有上万人死亡;1981年,500多个东帝汶人惨死于印度尼西亚军队的屠刀之下;1983年到现在印度尼西亚军队已经造成20万东帝汶人的死亡。这可是占了整个东帝汶人口的三分之一!你们宣扬的所谓仁爱就是这样的吗?"贝洛主教神情愤怒,在座的很多人,默默低下了头,沉默不语。

11月,贝洛主教又在印度尼西亚天主教会议上提出来,印度尼西亚教会应该用自己的行动去呼吁并且感化印度尼西亚军队,让他们停止自己的暴行。这次的提议,引起了主教会议的重视,并且开始采取行动。他们发表公开信,表示印度尼西亚的教会应该为东帝汶的孤儿提供一定的帮助,并且对当地教育事业的发展贡献出自己的力量。看到这些,贝洛主教终于有些欣慰,但是他知道,这些远远不够。

1985年元旦,本应该是个欢庆的日子,可是东帝汶人仍然在泥淖与血泊中苦苦挣扎。东帝汶主教理事会再次对东帝汶种族、文化和宗教灭绝的事情表示了担忧和问候。

1986年，贝洛被任命为大主教。帝汶天主教会是印度尼西亚统治期间东帝汶唯一与外界沟通的渠道。贝洛作为大主教与国际社会建立了广泛联系。

东帝汶所面临的局势，变得越来越不利。这个时候，联合国也将东帝汶审议的问题一次又一次推迟。尽管这样，贝洛主教也不肯放弃努力。1989年2月，贝洛写信给联合国秘书长，指出印度尼西亚军队在东帝汶国家的种种暴行已经严重侵犯人权，要求联合国必须表明自己的态度。1991年，在东帝汶的首都爆发了大规模的游行示威事件。这些人高举着牌子，大声的呼喊，为争取自己和国家的自由而奋斗。印度尼西亚政府知道后，派遣大规模的军队来到帝力镇压。这些印度尼西亚军队拿出手枪，肆无忌惮地进行扫射，很多人倒在血泊中……贝洛主教把很多人掩护起来，把他们安置在自己的住所和教堂中进行保护。事后，他再次公开强烈谴责了印度尼西亚军队的这次残酷暴行，并且为那些死去的人做了弥撒。

深夜里，他常常站在东帝汶人民的立场去思考问题。他知道，对于每一个人来说，都希望得到自由。人生下来都是自由而平等的。对于东帝汶人民来说，他们也需要自由，这是他们的权力。可是在很多的情况下，他们不敢表达出来。而自己现在要做的，正是为人民争取这种权力。

经过贝洛主教和洛佩斯的努力，东帝汶的天主教得到了很多人的拥护，而这个宗教的社会功能也得到了充分而又全面的发挥。在东帝汶的独立运动中，很多人失去了宝贵的生命。他们的孩子成为孤苦伶仃的孤儿。贝洛等人号召各个教会在东帝汶修建孤儿院，于是这些孤儿有了温暖的家。正是因为他们的这种行动，很多战士没有了后顾之忧。他们更是鼓足力量在战场上血拼！在那个时候，东帝汶的医疗事业也非常落后，他们积极地组建一个又一个医疗保健体系。与此同时，他们还利用圣保罗教育基金会，兴办一所又一所学校……

1989年，他致函葡萄牙总统、罗马教皇、联合国秘书长，呼吁联合国同意通过公民公决决定东帝汶的未来，并向东帝汶人民提供国际援助。贝洛鼓励东帝汶人使用当地语言——

德顿语和葡萄牙语,创办天主教广播电台和教会委员会,以对印度尼西亚在东帝汶侵犯人权行为进行监督和抗议。

贝洛主教终于用自己的行为证明了自己的忠心。而作为人们精神寄托的天主教,则让人们越来越信任。他们对于贝洛主教,由一开始的怀疑变成现在的钦佩和感恩。他博学多才、正直,时时刻刻为人民着想、为人民献身。他已经逐渐成为当地人民的精神领袖。不仅在国内,在国际上贝洛主教的行为也得到了广泛认可,他被视为"东帝汶最重要的代表"。

1996年,贝洛主教和奥尔塔一起获得了诺贝尔和平奖。贝洛主教获得这个奖是实至名归的。他反对战争,并一直用一种温和而又有力的方式,来将抗争进行到底。他用自己的行动,引领东帝汶的宗教发挥自己的作用。

1999年,灾难再次降临在东帝汶这个瘦弱的国家身上。在这一年,东帝汶人民公开投票,决定自己的独立。而这个时候,印度尼西亚军队做了最后的挣扎。他们疯狂屠杀,疯狂掠夺,很多人被迫离开自己的家乡,包括大主教贝洛。

但是,他仍然没有停止自己的行动。屠刀再疯狂,也不能让一颗心停止对自由的向往！贝洛主教在澳大利亚港市达尔文呼吁人们不要停留在过去，要着眼于未来。苦难已经过去，沉湎于过去，只会让自己更加悲伤，要着眼于未来，带着希望与憧憬，坚定地相信东帝汶的自由将会到来，相信将来的生活会幸福。

一个月之后，贝洛主教回到东帝汶。他是澳大利亚的维和部队进入东帝汶之后，第一个回到国家的独立运动领导人。当他回到祖国后，看到东帝汶满目疮痍，那些遭到屠杀的群众的尸骨已经被埋葬，地上仍然看得见斑斑的血迹。贝洛主教感到胸口压抑，眼泪不停地从他的脸上划过。他一遍又一遍地祷告："愿上帝保佑你们安息！"

这个时候印度尼西亚的军队已经撤出了东帝汶，联合国也做出承诺，两三年之内东帝汶一定会独立。从今以后，将由联合国临时代管东帝汶。听到这个消息时，贝洛终于松了一口气。这个时候，他已经52岁。

贝洛主教经过十多年的努力，终于迎来了这一天。在这段时间，尽管有时候处于危险当中，他却从来没有畏惧过。以前他研究神学，那些在书本中获得的精神和在这长期实践中获得的经验，让他的人生充实而又有价值。现在东帝汶人终于可以扬眉吐气了，这一天来得太不容易。可是以后的路还很长，他不能停留在这里。

2002年，东帝汶国家终于正式成立。贝洛却因为长期的紧张斗争与压力，身体越来越虚弱。他不得不辞去大主教的职位，前往葡萄牙进行治疗。2004年，有很多人呼吁他回到东帝汶，希望他担任总统一职。贝洛却不允许他被提名，他说："把政治留给政治家。"

2011年2月，贝洛获得里斯本科学院提供的年度人格奖。

贝洛就是这样一个人，他把自己该做的事情做完了，然后就全身而退。经历二十几年的流放生活，他的爱国之情丝毫没有磨灭。总是千里之外，犹存赤子之心。这就是东帝汶的精神领袖卡洛斯·菲利普·西门内斯·贝洛。

一茶之路

Chapter 04

风雨不坠青云之志
——马里·阿尔卡蒂里

2006年6月25日，在东帝汶的首都帝力，2000多人聚集在总统府前游行，他们高喊："阿尔卡蒂里下台。"他们挥舞着自己手中的国旗，表示支持总统古斯芒。而总统古斯芒表示，除非政府总理阿尔卡蒂里下台，否则他将会辞职。这是怎么一回事呢？为什么会发生这样的情况？

原来，这年6月，东帝汶发生了严重的暴乱，造成至少30人死亡和15万人离开东帝汶。因此很多人认为，这是由于总理阿尔卡蒂里在3月份遣散了600名士兵而造成了这次的动乱。6月26日，迫于压力，阿尔卡蒂里发表演说，宣布辞去总理一职。这次游行事件才算得到了平息。那么，这个阿尔卡蒂里是谁？

马里·阿尔卡蒂里（1949—），生于东帝汶帝力市，是东帝汶独立革命阵线的创始人之一。他于1970年离开东帝汶在安哥拉学习，于1975年被派往海外，1995年至1998年，在安哥拉担任高级法律顾问，2002年被选举为新独立国家东帝汶的第一位总理，2003年应邀对中国进行正式访问，2006年辞职，2007年再次当选为独立革命阵线主席。

01 / 带着翅膀飞翔

在一个晴朗的晚上，星星挂满了天空。孩子们躺在妈妈的怀里，听妈妈讲着古老的神话。妈妈告诉孩子们："在天空中有星星滑落下来时，就是有救星来拯救苦难的人了。"孩子们似懂非懂地点了点头。话音刚落，一颗星星便滑了下来。孩子们开心地笑了起来。这一天，一个叫阿尔卡蒂里的孩子出生了。

他在家里排行老三，除了他之外，家里还有10个兄弟姐妹。他的祖先是赫德拉米的商人。在遥远的几百年前，葡萄牙人达·伽马在王室的支持下，从里斯本出发，绕过了非洲南端的好望角，来到莫桑比克。我们称之为"新航路的开辟"。伴随着新航路的开辟，葡萄牙的商业也开始异常活跃。他们不惜万里，不惧风暴，来到了成为葡萄牙殖民地的葡萄牙帝汶。来到这里之后，赫德拉来的一些商人开始贩卖香料、黄金等。他们用商人特有的精明与细致，开始走上了富裕的道路。而阿尔卡蒂里的祖先是阿拉伯人，则也充分利用这些便利的交通条件，开始了自己的经商之路。直到阿尔卡蒂里的父亲仍然在经商。但是他已经基本成为一位地地道道的帝汶人。他们早已经忘了在那遥远的从前，和祖先们经商的传统。他们更多的是对帝汶这片土地的热爱。在这个常年温热、常年降雨的地方，到处都有葱茏而又高大的椰子树在道路两旁，到处都是一派生机勃勃的景象。他们已经习惯这所有的景象，他们也离不开这个小岛了。这里虽然贫穷，但丝毫不会影响他们对这片小岛的热爱。

阿尔卡蒂里出生的地方面对着广阔的海洋，有很多的港口。作为商人的父亲，总是在这个港口远行或归来。每次父亲从遥远的海边坐着轮船回来的时候，都是小阿尔卡蒂里最盼望与期待的事情。因为，父亲总是给他们带来好玩的东西，让他们见识外面的广阔世界。所以，他们经常站在码头边，等待父亲身影的出现。

有一次，爸爸在他们等待了很久之后终于回来了。阿尔卡蒂里和兄弟们一起围在爸爸身边，爸爸拿着一个大大的箱子。他们兴高采烈地唱着歌，和爸爸一起走回家去。

等到了家之后，孩子们再次围在爸爸旁边，睁大了好奇的眼睛，想看看这次爸爸拿来了什么稀奇古怪的东西。只见他小心翼翼地打开箱子，从里面拿出来一朵花一样的东西，下面有一个小箱子，箱子上刻着一些他们也说不出来是什么东西的花纹。紧接着，爸爸又拿出来一个黑色的大圆盘。爸爸让孩子们插上电源。阿尔卡蒂里拿着插电头，使劲将电头插在了插座上，然后赶忙跑到爸爸身边，期待着即将发生的事情。爸爸按了按钮，奇迹发生了：当连上电之后，这个盒子似的东西，居然发出来了声音！里面放着很优美的音乐，唱着一首又一首的那些曾经在无线电里听到的歌曲。他们开心得又蹦又跳，不停地看着这个神奇的东西。爸爸把他们抱过来，告诉他们，这个东西叫作"留声机"，是美国一位很伟大的发明家发明的。除了这个，他一生中的发明有一千多个呢！你们可一定要向他学习啊！阿尔卡蒂早已经跑到妈妈旁边，告诉妈妈爸爸带来的神奇东西，一家人沉浸在动人的旋律中。

　　阿尔卡蒂里喜欢来到海边，不仅仅是因为盼着爸爸的出现。这广阔的大海，似乎有一种魔力，吸引着小小的阿尔卡蒂里，让他眷恋。来到海边的时候，他总是面对着大海，看着这片无尽的蓝色领域，看着太阳从遥远的地方出来，染红天边的云，再偷偷地躲起来。它每天就像一个捉迷藏的孩子，晚上就会不见，却又总是会准时出现。他坐在海岸上因海浪的冲刷而变得倾斜的椰子树上，摘下两片椰子叶给自己做成翅膀。想象着自己像海上飞翔的海鸥那样，自由地翱翔着，然后去追赶太阳，飞到大海的尽头……

这样的机会终于来了。那是在阿尔卡蒂里上小学六年级的时候，爸爸要出海去澳大利亚。他请求爸爸带他一起去。以前爸爸总是找各种各样的理由不带他去。这一次，爸爸却出人意料地答应了。

出海那天，妈妈给阿尔卡蒂里穿上了一件漂亮的衣服，他好久没有穿过新衣服了，现在，他连走路都小心翼翼的，生怕把衣服弄坏。爸爸把他抱上船，当他的脚触及甲板的那一刻，他兴奋地跑来跑去，这艘船真的很大呀，里面有各种肤色的人，他们有的唱着歌，有的跳着舞，欢笑声、吵闹声、歌声，相互交织，热闹极了。阿尔卡蒂里抬头看看天空，万里无云。这里的天空好像更蓝、更美！除了天空，陪伴他的，还有呜呜的船桨声和天空中海鸥的鸣叫声。

经过几天几夜的漂泊，他们到达澳大利亚。他一下子就被这个新鲜的世界所吸引，疲劳和身体的不适早已经抛在脑后。在大街上，他看到一个神奇的东西，形状弯弯的。别人告诉他这个叫电话，只要把这个东西放在耳朵上，就能听到远在天边人的声音。除了电话，这里还有很多有趣又好玩的东西。这里和家乡最不一样的一点就是，这里的人真多呀，人山人海。他们穿着各种各样的衣服，人人都精神饱满，个个都很快乐的样子。他不明白，为什么自己家乡的人，总是感觉很低沉？因为贫穷吗，可是这里的人并不都是富有的呀！他回到家里，爸爸正好也在。他把今天的所见所闻都告诉爸爸。并且好奇的问爸爸，为什么这里的人总是带着笑容？爸爸只告诉他两个字：自由。

这次的旅行让他见识了广阔的世界。大海的那一边，不是什么所谓的天堂。原来在自己一直遐想的那一方，也生活着像自己一样的人类，你所认识、所想象的世界，总会发生颠覆性的变化。但是，你却毫不犹豫地接受了。回到学校之后，阿尔卡蒂里变得比以前更加开朗了。他感叹道：

"可能是那广阔的天空给了我启发，抑或是那广袤无垠的大海给了我动力吧。"

说到阿尔卡蒂里的成绩，那可是每个人都伸出大拇指的。因为在班里面，他总是名列前茅。平时上课的时候，他总是一丝不苟，专心致志地听老师讲课。可是一到下课的时候，他就成了阳光男孩。他和好哥们一起奔跑在篮球场上，来一个又一个漂亮的扣篮，赢得一阵又一阵的欢呼。像他这样既阳光，成绩又好的人，同学总是既喜欢又羡慕。

02 / 漂泊他乡的日子

经过自己的努力，在 21 岁的时候，阿尔卡蒂里离开自己的祖国，来到安哥拉进行学习。在安哥拉，他感受到了当地的独特习俗。当一个客人来到这里的时候，当地的人们总是显得非常热情。他们会伸出友好的双手，开一些有意思的玩笑，总是让自己在愉快的日子中度过。在那个时候，安哥拉同样也处于葡萄牙的统治时期。但不同的是，那个时候的安哥拉，已经开始出现人民为了国家独立而举行的民族解放运动。那里人们高亢的民族热情，深深感染了阿尔卡蒂里。他看着这里一个又一个的人，在烈日下，在狂风暴雨中，时刻在为国家的独立而努力着。自己的祖国，不同样也是正处于水深火热之中吗？而自己现在却什么都不能做。他想只要不断地充实自己，等到自己强大了，一定能够为自己的民族做些什么。他没想到，以后他的一生都是全心全意奉献给他的国家东帝汶。

阿尔卡蒂里回到葡属帝汶。当他再次回到这片土地时，各地的独立运动正在兴起。他回到家里，发现虽然只有短短的两三年没有回家，妈妈却显得苍老不少。曾经那双俏丽的大眼睛，也已经爬满皱纹。妈妈悲痛地告诉他，他的两个弟弟，因为参加独立运动，已经离开这个世界……阿尔卡蒂里不敢相信自己的耳朵，他的双眼模糊了，弟弟还那么年轻，还只是个孩子，可是，他们却义无反顾地为着民族独立而站了起来，自己现在却什么都没做！于是，他把自己关在房间，想了几天几夜，最终决定，自己要投身于东帝汶的独立运动之中。父母听到这个消息,都给予支持,而阿尔卡蒂里,也正因为如此变得更加坚定。

1974年,葡萄牙的政局发生了变化,爆发了革命,它的很多附属殖民地,也趁此时机开始了脱葡运动,包括莫桑比克、安哥拉,也包括东帝汶。东帝汶政府也同意东帝汶的脱葡运动,同时开始选举。也就是在第10天,东帝汶西面的陆上临国,印度尼西亚的军队悄然而至。他们从山上开始进攻,所到之处,烧杀抢掠,白骨累累,做了很多骇人听闻的坏事。

1975年8月20日,阿尔卡蒂里认识了很多人,包括奥尔塔、古斯芒等。他们聚集在一起,指点江山,激扬文字。这一天,他们聚集在一起,商量说:"我们的民族,被压迫的时间已经长达几百年,以前是荷兰,如今又是葡萄牙。我们从来没有站起来过。这样的日子,该停止了!"于是,经过长期的策划,阿尔卡蒂里和他们一起组建独立革命阵线,开始了一场轰轰烈烈的东帝汶独立运动。

1975年11月28日,东帝汶独立革命阵线宣布东帝汶民主共和国成立。由于阿尔卡蒂里有留学经历,他作为高级外交使团的一分子,被派往到海外。也正是在上文中我们提到,在1975年12月的时候,印度尼西亚军队侵入东帝汶,阿尔卡蒂里和他的同事无法返回东帝汶,于是,他们就成了流亡者,这段时间长达24年,地点是莫桑比克的马普托。

虽然流亡海外,但是他并没有忘记自己身上所肩负的使命,他时时刻刻关注着东帝汶的动态。1978年,正当革命进行得风生水起时,一个噩耗,那就是独立革命阵线指挥官洛巴托在和敌人抗争的过程中,被残忍地杀害。这个时候,有人对阿尔卡蒂里说:"放弃吧!你们所做的一切都是徒劳的,东帝汶不可能会独立。它那么孱弱,那么不堪一击。"听到这些话,阿尔卡蒂里愤怒地拍着桌子,对那些人说:"东帝汶一定会独立,这是历史的必然。尽管它现在不够强大,但是,它将来一定会变得更加美好!没有一个国家的成立是一帆风顺的。美国不也是经历重重的阻碍,经过一次又一次的战争洗礼,才变得强大吗?"别人被说得哑口无言。

他不能一直沉浸在洛巴托死亡的悲伤中,前方的路依旧很长。古斯芒代替洛巴托,成为独立革命阵线领导人。

在这段时间，阿尔卡蒂里重新调整好心情，开始新的奋斗。因为在异国他乡，他需要为自己的生存做打算。经过努力，他成为安哥拉学院地理系的一名特许测量师。

作为一名测量师，并不是那么容易。在很多情况下，他们需要在强烈的阳光下工作。安哥拉地处非洲地区，大部分时候天气炎热，要不然一下雨就是下个不停。在这种情况下，他们仍然要坚持工作。

那一天，天气很热，树叶都无精打采地垂在树枝上，天空中一只鸟的踪影都看不到动物来到河里打滚。阿尔卡蒂里和他的同伴们仍然在坚持测量，他身上的皮肤因为暴晒起了一层又一层的皮。同事们一个个都离开了，只剩下阿尔卡蒂里仍然坚守在自己的岗位上。等到终于完成自己的任务，准备离开时，他突然倒在地上，别人发现之后把他送到了医院。原来他中暑了，医生给他敷了冰块，过了几个小时，他才缓过来。这时候，他原本棕色的皮肤，晒得黑红黑红的。

在流亡期间，他还来到蒙德拉内大学学习法律。这个时候，他又拿出来他刻苦钻研的精神，很快就掌握了相关知识。

同学们看到阿尔卡蒂里的成绩突飞猛进,都问成功的秘诀是什么,是不是因为自己特别有天赋?阿尔卡蒂里笑了笑,没有说话。那是因为同学们都只看到他的成绩,却没有看到他的废寝忘食。

03 / 曙光照在田野上

毕业之后,他在莫桑比克的马普拖的一个私人法律事务所工作,担任高级法律顾问。也正是在这段时间,阿尔卡蒂里强硬的做事风格开始形成。比如,阿尔卡蒂里有一个习惯,那就是当他工作的时候,别人一定不能吸烟。并且,在他工作的办公室,各个角落也都贴有禁止吸烟的标志。

经过长期的律师生涯,他的能力不断提升,他强硬的作风,开始声名远播。1995 年,阿尔卡蒂里结束了自己在私人律师办公室工作的职业生涯,被莫桑比克政府邀请,担任莫桑比克共和国的议会担任国际公法和宪法的法律顾问。

随着职位的不断提升，他要操心的事情越来越多，肩上的责任也越来越重。但是，他始终没有忘记，时时刻刻为自己的国家着想。

1998年，哈比比上任印度尼西亚总统。受亚洲金融风暴的影响，印度尼西亚的经济发展一落千丈，政局也开始变得不稳定。这个时候，东帝汶的独立革命运动却愈演愈烈。哈比比于是做出一个决定，那就是允许东帝汶人民进行自主选择，依靠印度尼西亚政府还是自己独立自治。结果，多数东帝汶人选择了独立。然而，在公投期间，对于东帝汶人民来说，又是一阵腥风血雨的灾难。本来，那是一个十分欢乐的时刻。人们在大街上兴奋地唱歌，挥舞着手中的旗帜，庆祝着国家的成立。没想到，在顷刻之间，暴乱便爆发了。造成这次事件的原因，首先是国家不同团体之间的斗争。在公投期间，不同意脱离印度尼西亚独立的人们，在印度尼西亚政府的纵容下，对手无寸铁的平民百姓进行攻击。但是，这些攻击并没有得到及时的控制，反而转化为全国性的暴力事件。于是，联合国不得不派遣大量的部队来维护当地和平，这支维和部队达到8000人。

这次暴乱并没有很快平息。很多的印度尼西亚军人也开始疯狂地屠杀平民,联合国的维和军队被迫退出。有20多万人逃离自己的家园。原本以为家就是港湾,然而在此刻,家却成了噩梦,成了灾难之源。在这段不堪回首的岁月,大约有18万东帝汶人丧生。印度尼西亚军队甚至放火烧毁整个村庄,曾经绿色的田野变得一片狼藉。

阿尔卡蒂里看到这些报道,痛心疾首。终于,东帝汶的情况出现转机。1998年11月,东帝汶成立了具有准内阁、准立法机构性质的全国商务委员会。2000年7月首届过渡内阁成立,制宪会议也在2001年成功举行。在2002年5月20日这一天,经过27年艰苦卓绝的奋战,东帝汶民主共和国终于成立了。同一年的8月,阿尔卡蒂里在议会选举中获得了大多数的选票,成为东帝汶这个新独立国家的第一位总理。

作为总理,他面临的将是更多的难题。东帝汶这个国家并不算大,由于没有大规模的工厂,仍然采用古老的生产生活方式。而且经过长期的斗争,很多地方遭到破坏,这些都需要去修复。很多人仍然生活贫穷,甚至他们每天连最基本的饮食都无法保证。吃不饱饭，更别提学习了。在东帝汶有很多人不识字。阿尔卡蒂里把这一切都牢牢地记在心里，并为之而废寝忘食地工作。

  阿尔卡蒂里比较慈祥，但是那仅限于平时一般的待人接物上。在政治上、在工作上他不能软弱。因为他相信，祖国更需要的是坚强。他总是用他强硬的行政风格，为国家争取一个又一个发展的机会。阿尔卡蒂里担任东帝汶总理时，积极发展同中国的关系。2003年，阿尔卡蒂里来到中国进行国事访问。这一年，东帝汶刚刚成立一年零四个月。在东帝汶宣布成立的那一年，中国便与其建立外交关系，中国国家领导人在人民大会堂接见了来访的阿尔卡蒂里总理，双方就合作与发展的问题进行详细的交谈。东帝汶现在处于起步与发展阶段，很多地方仍然需要国际社会的援助。中国秉承一贯的作风，积极帮助需要帮助的国家。无论国家的大小以及强弱，中国都一律平等对待。阿尔卡蒂里也表示，这次来到中国，就是希望双方继续加强合作，同时，积极支持中国在国际事务中发挥重要的作用，并对中国长久以来对东帝汶的支持与援助表示感谢。

随后,他又在工作人员的陪同下到甘肃访问。其中,甘肃的中国石油企业已经与其建立友好合作关系。在参观完纺织企业后,他深受启发,希望与其建立合作伙伴关系,同时积极借鉴其发展的经验。

　　这次访问回国之后,阿尔卡蒂里一个人坐在办公室里,认真总结相关经验。他闭上眼睛思考:国家现在很多时候都是在寻求国际上的援助,这在短期内对缓解困境确实起到一定的运用。但是,东帝汶是一个国家,更多时候它需要的是一种自身的"造血功能"。如果一直这样下去,它只会成为一个永远也长不大的侏儒。想到这些,阿尔卡蒂里在政府工作中开始强调,一定要有自己的工业,不断地促进国家自身的发展。

04 / 和暴风雨拥抱的"狂人"

　　2006年3月,阿尔卡蒂里做了一项决定,要把那些老兵遣散回家。他觉得，祖国现在需要新鲜的血液，而这些老兵，为这个国家付出了这么多，确实也应该回家去好好孝顺父母、安度生活了。然而，他万万没想到，这件事情竟让他给自己的从政生涯埋下了一颗"定时炸弹"。2006年6月，很多人在首都帝力高举牌子并高喊口号，要求阿尔卡蒂里下台。

在这一天，原本平静的东帝汶首都帝力顿时变得纷乱，几百名官兵在大街上到处打砸抢烧，很多平民被打得头破血流。他们原本平静地在街上走着，谁曾想到，就在一刹那间，他们有的变成残疾、有的失去生命。这次事件造成了严重的后果：30人死亡，有15万人逃离了东帝汶这个原本属于他们的家园。

这件事引起国内和国际社会的广泛关注。有许多东帝汶人认为，这次事件形成的主要原因是阿尔卡蒂里3月份遣散600名士兵的决定。这些退伍的士兵和当地的在职警察之间发生了冲突，于是便发生了这次混乱。于是，阿尔卡蒂里变成众矢之的。当时担任东帝汶总统的古斯芒看到形势的发展难以控制，随即要求阿尔卡蒂里辞职。否则的话，自己都将难以胜任总统一职。当古斯芒发表讲话之后，东帝汶的民众便开始游行示威，阿尔卡蒂里不得不宣布辞职。关于这件事情的内幕，至今仍然是难以说清楚的谜。这件事最终也是以其不确定性的结果而告终。

辞职后的那天晚上，阿尔卡蒂里一个人躺在家里。他一脸的茫然和无奈。在年轻的时候，他就养成了彻夜思考的习惯。现在他只有不断地反思自己，为什么会造成今天的局面。他坚持认为，自己没有错，他只是想为这个国家尽自己的绵薄之力。也许，在今天，很多人会误解自己，误解自己所做的一切。但是，他始终相信会有那么一天，自己的所作所为都会得到证实。"不能就这样倒下去。"他自言自语道。"在流亡于莫桑比克的那段时间，我从来没想到过要倒下。那么艰难的日子，我都坚持下来了，这点小挫折算什么？"他想到这里，叹了口气。

他决定好好犒劳一下自己。他又回到他出生的地方，那个靠近海洋，有高山、有日落的阔别已久的家乡。他回想，自从自己从政之后，已经几十年没有回这里了。爸爸和妈妈，这个时候都已经老了很多。想当初自己刚刚离开的时候，妈妈还是满头的青丝，而现在却已经全部变成了灰白色。曾经挺拔的父亲，这个时候也弯下了身体，变成了驼背。自己的兄弟姐妹，都有了自己的孩子，甚至有了自己的外孙。他和家人围坐在一起，体会这久违的亲情。他再次回到海边，体会儿时的乐趣。他光着脚，走在冰冷的海水中。一股凉意顿时涌上头来，却让人顷刻之间变得冷静，变得轻松。他爬上山顶，抬头看着山上的云，似乎更近了一些。天上的云总是变得太快，人世而又何尝不是如此呢？他看着山下，看着那些新建起来的建筑，此刻都变得渺小了，模糊了……

这样的日子，过了大概半年。在某一天的清晨，他重新穿上自己整齐的西装，重新打好漂亮的领带，准备出发。他决定，要用自己的实际行动，去证明一些什么。做一个缩头乌龟，从来不是自己的风格。

而关于6月动乱的事情，也有了转机。联合国委员会觉得古斯芒在危机时期发表的是煽动性言论，并称警察局长保罗·马丁斯放弃他的职务是"严重失职"行为。听到这个消息时，阿尔卡蒂里并没有表现出多开心，因为他觉得事实就摆在那里，无须多言。总有一天它会昭之天下，只是时间的问题。

在2007年6月议会选举中，阿尔卡蒂里再次获选议会席位。这次，在新闻报道的领导人排名中，他的名字出现在执政党总统弗朗西斯科·古特雷斯·卢奥洛之后。2007年8月1日，他成为"革命阵线"的总理候选人。

在这一年的8月，澳大利亚士兵在抗议期间拿着东帝汶独立革命阵线的旗帜游行，我们也知道阿尔卡蒂里一向是以强硬著称的。他指责这些反对阵线的澳大利亚人，并称："如果你们不能中立，澳大利亚军队最好回家。"

阿尔卡蒂里既是一个高超的谈判者，同时还是一个重视国家社会经济发展的民族主义者。他总是能够利用自己的优势，为国家获取一个又一个的利益。在与澳大利亚谈判期间，就帝汶海中石油资源的划分，他为国家争取到了较大部分的份额。这仍然与其强硬的作风是分不开的。他就是这样，不卑不亢，从从容容。一旦涉及国家利益，他愿意赴汤蹈火。

2015年9月16日，这一天风和日丽，天气晴好。作为东帝汶独立革命阵线总书记、欧库西特区行政机构主席的阿尔卡蒂里，应中国驻东帝汶大使的邀请，来到中国大使馆。

在这次会见中，中国对于阿尔卡蒂里进行高度赞扬，肯定其在推动两国关系和党际关系的发展做出很大的贡献。同时，表示双方会继续合作下去，继续发扬团结合作、携手共进的精神，深入发展两党的友谊。同时，中国也对东帝汶的基础设施建设及其特区的发展给予高度重视。

而阿尔卡蒂里也对中国表达了谢意，感谢中国长久以来对东帝汶的支持，希望能够深入对华关系。"独立革命阵线"愿意继续为深化两国及两党的友谊做出应有的贡献，同时希望在欧库西特殊建设过程中与中国加强经历交流与务实合作。

现在，他仍然尽心尽力地在自己的岗位上，为这个国家付出着。而他的孩子，里贝罗·阿尔卡蒂里也继承了父亲的政治理想，开始为这个国家做出自己力所能及的事情。在他上大学的时候，父亲对他说："你不要继续读书了，现在，你已经是一个成年人了。你应该尽你最大的努力，来为这个国家的事业做出自己的贡献。"儿子里贝罗听了父亲的话，并没有生气也没有不解。因为他在很小的时候，就非常崇拜自己的父亲。那个时候，父亲还是总理。他骄傲，并不是因为父亲的职位有多么的高，而是父亲在那个职位上为国家做的事情。他积极加入父亲的阵营，成为"革命阵线"中的一名成员。里贝罗从来不会因为自己是阿尔卡蒂里的儿子而骄傲，而是用自己的努力来证明自己的实力。看到这一切，阿尔卡蒂里笑了，感到很欣慰。

阿尔卡蒂里依然用自己的执着，为着国家而奋斗；他仍然用自己的努力，去践行这句话。东帝汶这个国家，现在也正像一颗初升的新星，正在冉冉升起，发出它应有的光彩。尽管国家有时候会不稳定，总是会有各种各样的波折与磨难，但是，阿尔卡蒂里正是敢和暴风雨拥抱的"狂人"，再大的风雨，都不能让自己的青云之志坠落。他坚信，经过一代又一代的努力，东帝汶的明天，一定会更加美好。

一带一路

Chapter 05

以柔克刚

——若泽·拉莫斯·奥尔塔

贴小广告是一种宣传的途径，但是有时候并不是那么讨喜。但是，你听过总统也曾有过与贴小广告相似的经历吗？是的，在东帝汶这个年轻的国家，就有这样一位总统。不过他的所谓"贴广告"可不是简单的推销产品，他所做的是通过这种方式，为国家代言。

1991年，印度尼西亚的军队再次对东帝汶进行了残酷镇压，于是，为了引起联合国的注意并且让印度尼西亚军队不再逍遥法外，他决定写标语贴到厕所，用这个方式来引起相关人员的重视。最终，在自己的不懈努力下，他成功地为东帝汶讨回公道。这个人就是若泽·拉莫斯·奥尔塔。

若泽·拉莫斯·奥尔塔（1949—），东帝汶第二任总统。出生于东帝汶首都帝力，母亲是东帝汶人，父亲是葡萄牙人。奥尔塔早年就读于天主教教会学校。1969年，奥尔塔在东帝汶的电台和电视台做记者。当时的东帝汶还是葡萄牙殖民地。奥尔塔积极参与东帝汶独立运动，1970—1971年被葡萄牙当局流放到莫桑比克，先后担任过东帝汶外交部部长、东帝汶总理、东帝汶总统，是诺贝尔和平奖获得者。

01 / 少年奥尔塔之烦恼

那是个晦暗的年代，法西斯的乌云笼罩在整片天空。电影《美丽人生》中，从某一个角度，描述了那个时代人民生活的苦难。1932年安东尼奥·德奥利维拉·萨拉查就任葡萄牙总理。然而，他一上台便实行专制独裁，对外则表面上保持中立，实际上追随轴心国的政策。在很多的高压政策下，许多人不得不离开自己的家乡，去寻找一片宁静的土地。其中，就包括若泽·拉莫斯·奥尔塔的父亲，老奥尔塔。他跟着很多人一起逃离了那个曾经生活的故土。流亡的日子显得格外孤独。他也不知道自己将何去何从，就是任那艘破旧的航船，行驶着它的方向。是的，有很多人逃到了那里——葡属东帝汶。因为东帝汶已经隶属于葡萄牙几百年了。所以在那里，也许会有一番故乡的味道吧！于是，突然有了方向的老奥尔塔，显得格外兴奋。此刻的天空，是如此的明媚，在海天相接的地方，几只海鸥在波涛上尽情地狂舞。而此刻的路途，也变得异常的漫长。

几经波折，老奥尔塔来到葡萄牙帝汶。这里的气候和葡萄牙的气候实在是有些不同：葡萄牙地处北半球，并且一年四季如春的温带海洋性气候，空气里总是夹杂着青草的味道，总是那样的让人沉醉。空气里总是夹杂着青草的味道。而葡萄牙帝汶，属于热带雨林气候，一场雨总是不期而至，温度有时候让人难以忍受。老奥尔塔的倒在街头一户人家的门口。这一次摔倒，竟然让他相遇了以后再也没有分离的亲人。

一个好心的本地姑娘发现了他，和父亲一起把他抬进了家门。经过了三四天的休息，大奥尔塔的体力终于有些恢复。但是他的身体还是有些虚弱。女孩和家人商量，他们决定收留这个无家可归的人。

渐渐地，两个年轻人擦出爱情的火花，并且最后他们结婚了，生了8个可爱的孩子。因为妈妈是当时葡萄牙帝汶的土著居民，爸爸是葡萄牙人，8个孩子都是东葡混血。在这8个兄弟姐妹中的若泽·拉莫斯·奥尔塔于1949年12月26日出生在现在东帝汶的首都帝力，成为后来东帝汶第二任总统，遗憾的是，其中的4个兄弟姐妹遭到了印度尼西亚军方的残酷杀害。

由于家中的孩子很多，所以家中的生活并不宽裕。若泽和其他兄弟姐妹比较幸运，因为他有幸进入一个小村庄的天主教会学校。在这个学校生活的日子，他学会更多的是如何更好地自律。当别的孩子都在玩耍、捣蛋的时候，他就开始给自己制订每天读书的任务量了。别的同学嘲笑他是个"书呆子"。可是他从不去反击，因为他知道，总有一天，他会成为不同于他们的人。

其中，他有一个十分要好的朋友叫克莱奥。克莱奥的性格和奥尔塔可以说是截然相反。奥尔塔沉默，克莱奥张扬；奥尔塔尖锐有见解，克莱奥随性顺其自然。但是他们有一个共同的特点，那就是喜欢沉浸在书的海洋里。

两个人谈论着，议论着，直到天空渐渐变黑，夜越来越浓……两人准备回家。可是刚刚走了几步，突然发现有几个人高马大的孩子在欺负一个衣衫褴褛的小孩子。他俩走了过去。

"你最好把你身上的东西交出来，要不然，我可管不住我的拳头。"一个最为健壮的人说。

小男孩身体蜷缩着,这个时候刚刚下过雨,天气有些寒冷,但是小男孩仍然穿着单薄的半袖衫。他发着抖,不敢说一句话。

"小杂种,你知道怕了吧?"说着,健壮的人就伸出手去抢小男孩手里的东西。而此刻的小男孩,突然变得异常的有力,他固执而又倔强地守护着手里的东西。

克奥莱和若泽被这个倔强而又坚强的小男孩吸引了并救下他。

若泽他们来到小孩身边,细心的若泽把自己的衣服脱下来,给小孩披上。原来,小孩是这个地区管理者史蒂夫的私生子,欺负小孩的大个子是史蒂夫的儿子。小孩的母亲已经去世,母亲把史蒂夫送她的一个很名贵的珠宝留给了小男孩。这事被大个子知道后,一直觊觎这件东西,时不时地找小男孩的麻烦。小男孩又不敢告诉父亲。

两个人和小孩约定,一旦他们再欺负他,就往这个地方跑。他们总会在这个地方的。然而,美好的日子总是短暂的。

02 / 万家忧乐系心间

1969年,若泽·拉莫斯·奥尔塔在换了一个又一个工作后,成为了一名电视台记者。在这个时候,奥尔塔已经开始积极参与东帝汶的独立运动,并且葡萄牙当局对于奥尔塔的行为极其不满。

在他的心里,始终有一个梦想,那就是希望有一天,东帝汶将会成为一个独立的国家,不再是任何人的傀儡。它有自己的体制,有自己的思想,傲然屹立于这个世界之上。他倾心于马丁·路德·金的震撼人心的演讲——"我有一个梦想",那雄浑有力的声音,至今仍能让他心潮久久不能平静。他也崇拜那个"非暴力不合作"的甘地。在他的眼里,甘地就是神一样的存在:他住在贫民生活的地方,穿着粗布麻衣,赤着脚,时时刻刻为自己国家的安定着想。为了国家,他选择绝食的方式。他牺牲了自己,来捍卫祖国的和平。最终,死在狂热的教徒手下。终其一生,他可曾为自己而活?甘地渺小而伟大。渺小的是,尽管他是一个普通人，在芸芸众生之中，和我们一样，生活在地球之上，有着同样的生老病死；伟大的是，他用自己短暂的生命，为祖国的事业奋斗一生。他们都是用自己的一生，为自己有理想的一生奋斗着。

利用自己作为记者的便利条件，奥尔塔开始充分研究东帝汶这个地方的历史，以便为今后的独立运动做充分的准备。他开始翻阅更多的书籍，走过东帝汶的每一个角落，了解每一个东帝汶人的生活和心理，并且积极宣传自己的主张。为了逼迫他停止这些宣传活动，葡萄牙当局找到他的家里，一次又一次地以家人相威胁。有一次，奥尔塔像往常一样回到家里。可是当他走到家门口时，突然发现地上有纷乱的脚印，他立刻察觉到家里出事了，赶紧加快脚步来看看究竟发生了什么。等他推开门之后，看见了几个葡萄牙的士兵，他们坐在自己的家中。还好，父母和兄弟姐妹都完好无损，而他也松了一口气。他知道这些葡萄牙士兵来者不善，肯定是为了什么而来的。

"终于把你给等来了"，领头的人说。

"哦，我们好像未曾相识，不知您大驾光临有何贵干？"

奥尔塔一派主人的语气。

"那我就打开天窗说亮话。请你今后注意你的行为,否则的话,我不敢保证他们的脑袋还在脖子上",那人恶狠狠地用眼睛扫了一下奥尔塔的家人。然后就大摇大摆地走了。

奥尔塔感到非常的愧疚,由于自己的原因而给家人带来这么大的麻烦。但是家人丝毫没有责怪他的意思。虽然他的爸爸是葡萄牙人,可是长期在这里生活他已经习惯了并且已经和这片土地融为一体。他和家人商量,必须把他们进行转移,这样他才能专心地为国家办事。于是家人来到澳大利亚。就这样,奥尔塔一次又一次地忍住心中的内疚与仇恨,顽强地抗争着。

1970年这一年,对于奥尔塔来说非常难忘。由于他的行动一次次触及葡萄牙当局在葡萄牙帝汶的利益。他们做出决定,一定要把这个猖狂的年轻人逐出这里。于是,葡萄牙殖民者以各种借口和理由把奥尔塔关押起来,最终把他流放到了莫桑比克。这一年,他仅仅20岁。

提到莫桑比克,我们首先就会想到这是位于非洲南端的一个国家。在这里,有着迷人的热带风光。高大的椰子树像一片片绿色的云,红色的咖啡豆像一颗颗玛瑙,总是有动物在草原上自由自在地奔跑。实际上莫桑比克独立的时间并不长,并且它和东帝汶有着相似的经历——都属于葡萄牙的殖民地,都于1975年开始准备独立,都曾经过长久的时间才形成相对稳定的社会环境。然而在当时的环境中,流亡的日子并不好过。在这个到处都是绿色的地方,却因为炎热多雨,有着很多虫类。它们总是困扰着当地的人,甚至会危及生命。

来到莫桑比克后,他总是会遇到各种各样的困难,第一件事就是水土不服。一向强壮健康的奥尔塔倒下了。但是,他凭借着顽强的毅力,勇敢地坚持了下来。有一次,奥尔塔躺下来睡觉,被小虫子咬了一下。过了半天之后,他的腿部已经肿得不像样了,他没有足够的金钱去当地的医院。他一瘸一拐地走在路上。这时,一个好心的老人观察到奥尔塔的异常,并提醒他可能被这里最毒的一种虫子给咬了。他神色严峻地对奥尔塔说:"你的情况目前很严峻,一旦被这种虫子咬伤之后,就只能找到虫子咬到的地方,然后把咬口用刀割下来。整个过程不能打麻醉剂,因为麻醉剂可能会使你整个腿都废掉。"

"没关系，我愿意尝试一下。因为我别无选择。我一定要活下来，我还有很多事情要做。"奥尔塔说。

于是，老人找来了专门治疗这种虫伤的人。由于奥尔塔的伤势比较严重，花了很长时间才找到了伤口。

那人对奥尔塔说："这个伤口目前很大，可能会割 10 次左右，你能接受的了吗？"

"没问题。"

一刀，两刀……直到最后一刀。老人和那个人都紧张得满头大汗。而奥尔塔有气无力地说："你只割了 9 刀。"两个人顷刻之间，对眼前这个硬汉佩服得不得了。几个月之后，奥尔塔的身体终于恢复了健康。

也许对于许多人，遇到生活中的困难会选择放弃努力。但是，对于真正的强者来说，困难只会成为他们的垫脚石。他们不会低下头，困难越大，他们越是会昂着头，高傲的，在狂风里微笑。

1974 年回到东帝汶以后，奥尔塔和很多爱国人士一起组成爱国组织东帝汶独立革命阵线。他们继续通过各种方式，为这个国家获得自主和自由而努力着。1975年，葡萄牙政府终于决定放手东帝汶，在东帝汶进行了公民投票。11月28日"独立革命阵线"单方面宣布独立，成立了东帝汶民主共和国。

"一波未平一波又起"，在这种情况下，东帝汶反而发生了暴乱。当时国内存在着种种意见：主张同印度尼西亚合并；主张葡萄牙继续统治；主张国家独立。很显然，革阵的策略和其他两个产生了冲突，于是内乱爆发。

看到这种情况，印度尼西亚决定趁虚而入。可是又不能平白无故地进行攻打，于是找出借口，在1975年12月入侵东帝汶。1976年7月苏哈托签署特别法案，并且宣布东帝汶归并为印度尼西亚的第27个省。

就在印度尼西亚军队入侵的前3天，奥尔塔离开了他亲爱的故乡，来到纽约联合国总部。不满26岁的奥尔塔被任命为外交部部长。作为东帝汶的海外代表，奥尔塔成了在联合国安理会上发表演说的最为年轻的政治家。此后，在这个地方一待就是9年。也就是说，一直到1985年，他都在这里。而他的职务，则是"革阵"联合代表。

在奥尔塔第一次发表演讲时，他并不被很多人所熟知。他进行自我介绍并诉说自己国家的苦难经历，希望能够引起联合国的重视并且能够支持这个国家的独立。他条理清晰，声音洪亮，很快就吸引了全场的注意。一个勇敢、帅气、自信、爱国的 26 岁代表。

在联合国期间，奥尔塔深深地感悟到，自己的学识还差得很远。奥尔塔虽然很忙，可是他仍然没有放弃学习的机会，而是四处求学。1984 年他在美国拿到安提俄克大学的硕士学位。1987 年在牛津大学圣安东尼学院任客座教师。传奇仍然在继续。在 1996—1998 年的 3 年时光里他分别获得巴西天主教大学、安提俄克大学和澳大利亚新威尔士大学法学博士。人们惊叹于奥尔塔的努力和勤奋。这个时候，他几乎总是在为东帝汶的独立事业而奋斗，可是他仍然能做到让自己的知识水平不断提高。这一年，他已经是 49 岁的年纪！

奥尔塔的观点主张，和甘地的策略有相似之处，那就是以和平的手段来获取自由，他选择以人权的问题作为和平建国的突破口。

人权这个问题，是很多国家都关注的问题，同时有很多人为争取人权而努力着。人生而平等，有着生存、发展的各种权利。可是这些权利对于东帝汶人来说却是一种奢侈。他们总是在生死边缘苦苦地挣扎。吃不饱，传染病，被残忍地杀害，妇女被强奸，小孩被伤害，老人被屠杀……他们时刻都处于惊慌之中。他们手无寸铁，只能徒手反抗或者等待上苍的解救。

东帝汶的媒体在印度尼西亚的高压控制下，噤若寒蝉。他们无法发出自己的心声。于是奥尔塔再次挺身而出，因为他觉得身上的责任不再是家庭和个人，而是这个有着几十万人的国家。他积极协助国际人权团体发布相关的报道，代表广大同胞发出自己的呼声，揭示印度尼西亚在自己国土上的种种惨无人道的暴行。这个时候，印度尼西亚甚至扬言要实行种族灭绝的政策。

国家的种种问题一直都是奥尔塔的心病，他总是想着各种各样的方式来推动解决。有一次，他去厕所方便的时候，抬头无意间看到厕所门上贴的小广告，上面有各种各样的有趣内容，他一下子就被吸引住了。他想：厕所是任何人都要来的地方，我也可以充分利用这个条件啊！于是，在一次国际会议前,他印了很多张写有"释放古斯芒、制裁印度尼西亚当局"的标语贴在了联合国所有厕所的门上。可能有人会嘲笑他,但是,为了国家的尊严,奥尔塔什么样的事情都肯去做。后来,在接受《纽约时报》的采访中,他还曾谈及此事。而且,当时,美国的《华尔街日报》还就此事件在报纸的头版显眼位置进行报道。

经过奥尔塔和其他战友们的积极努力,终于重新看到希望。联合国人权委员会也深刻体会到印度尼西亚军队的残酷行为,要求重新开启国际法庭,惩罚那些犯下滔天大罪的印度尼西亚军人。

1996年奥尔塔和东帝汶的精神领袖贝洛主教一起分享了诺贝尔和平奖,他们都是用着温和的方式,没有动用一兵一卒,为着东帝汶的独立事业做出了重要贡献。

1999年,这是令人振奋的一年。在东帝汶举行了关于独立的公投。印度尼西亚此刻再也无法找出理由来搪塞国际干预了。联合国多次审议东帝汶的问题,经过了几十年的努力,终于提出了要求印度尼西亚从东帝汶撤军,给予东帝汶自决权利的决议。

03 曙光初照东帝汶

通过全民公决，多数投票者选择脱离印度尼西亚独立。1999年底，东帝汶开始筹备制定一系列的建国工作，并拥有自己的过渡内阁和临时立法机构等组织。但是，他们仍然不能高傲地向世界宣布，东帝汶已经成为一个独立的国家。在奥运会这个平台上，东帝汶的运动员仍是在国际奥委会的会旗下入场，"奥林匹克个人运动员"是旗子上的标语。东帝汶的独立事业，还需要一定的时间，才能真正算是大功告成。

2002年5月，东帝汶民主共和国正式成立。经过将近一个世纪的努力，东帝汶终于迎来了自己的新生命。而奥尔塔，则成为这个新生国家的外交部与合作部的部长。

这一年，奥尔塔50岁。他一如既往地穿着整齐的西装，不带一丝的褶皱。系上尽显绅士风度的领带，风度翩翩，神采奕奕。虽然已经年过半百，但是，依旧能让人感受到他蓬勃的生命力。这与他热爱运动是分不开的。他给自己定了目标,那就是无论发生什么,在每天下午的五点,他都会准时去健身。每次都会锻炼到挥汗如雨。除此之外,这还与他的学识分不开的。俗话说"腹有诗书气自华"。此刻的奥尔塔,已经掌握了很多的知识技能。他获得了几个学校的博士学位。此外,他还会葡萄牙语、英语、法语、西班牙语、东帝汶语等多种语言。

然而,这个国家仍然在成长中。成长的过程中,就少不了伤痛。在2006年的时候,国家发生了骚乱。警察和军队之间展开了激烈的冲突,造成了21人死亡,约占人口1/7的15万人口被迫离开了自己的家乡。

而东帝汶当时的总理阿尔卡蒂里被要求对此事负责,迫于压力,总理阿尔卡蒂里宣布辞职。奥尔塔临危受命,担任总理这一职务。

是的,这个时候,奥尔塔已经获得大多数国人的支持。他有着丰富的政治经验,在国际舞台上也有着自己的良好声誉。奥尔塔就职前,很多民众听到奥尔塔将要就任总理一职,都表现得十分欣慰。

"我知道很多民众信任我,我向他们保证,我将会成为一个富有同情心、体察民意，让民众放心的好总理。"奥尔塔在就职时说。

在就职的那天晚上，奥尔塔回想了很多。这一路走来，有太多的艰辛。东帝汶的命运，在曲曲折折中，终于有了自己独立的生命。而自己，也是磕磕绊绊走到今天。但是，自己绝对不能松懈，只要还在祖国的土地上，就要为之奋战到底。因为这一切来得太不容易。

就职之后，他想到的第一个任务就是让那些逃离帝力的难民重新回到这片土地。他们不愿意回家，因为家里面并没有给予他们独立的安全感，这让奥尔塔很是心痛。家，这个让很多人温馨的港湾，竟然成了同胞噩梦的地方。这实在是让人心痛的悲惨事实。他决心要竭尽他的所能，让他们收起恐惧，重拾对于这片土地的信心。

奥尔塔的出色表现再次迎来民众的掌声。在2007年5月9日东帝汶举行的第二轮投票中，57岁的奥尔塔以独立候选人身份参加总统选举第二轮投票，他获得将近百分之七十的选票，也就是说他成为总统基本上成为定局。同年5月20日，若泽·拉莫斯·奥尔塔宣誓就职。奥尔塔在议会大厅举行的就职仪式上说:"我将尽一切努力,加强国家的民主自由和民族团结。"

经济建设问题,是奥尔塔面临的一个难题。经济基础决定上层建筑。一个国家的强大,坚强的经济基础是强有力的后盾。所以说,奥尔塔的任务十分重大而又艰巨。然而,经济建设对于东帝汶这个国家来说,显得格外艰难。这是由东帝汶当地的历史和地理条件造成的。

从它的历史来说,东帝汶一直是一个饱经压迫的地区。一开始,是葡萄牙殖民统治者的限制。葡萄牙殖民统治者并没有给当地带来很多先进的设备,反而限制了这个地区的发展。在19世纪60年代,第三次工业革命已经席卷整个世界的时候,东帝汶却仍然维持着部落社会的形态。此外,在印度尼西亚入侵的时候,"革命阵线"最后转入山区打游击战,给当地的农村经济造成无可估量的损失和破坏。自给自足的传统的小农经济仍然是该地区的主要经济发展模式。这里没有大型的工厂。

更让奥尔塔为难的是,由于自由移民在曾经的殖民统治下是不允许的,所以,在东帝汶生活的各岛上的居民都是相对独立的,他们之间没有一个相通的语言。也就是说,一个国家之间,人民在语言上存在着障碍。

正是由于这种情况,东帝汶文盲率很高。一次,奥尔塔在新闻报道中看到一个关于东帝汶人民上学的问题。一家有两个孩子,一个是女孩,一个是男孩。可是,父母不愿意送他们去学校里读书。因为他们觉得,在这个地方想要生存,只要学会耕地和钓鱼就可以了。看到这则新闻,奥尔塔感到十分震惊。他感到发展教育事业刻不容缓。

在这种情况下,引进外资也是刻不容缓的。他决定,要广泛和外国建立外交关系,欢迎各国来到东帝汶投资。在未来的10年,打造一个免税国的国家形象。

一切事情都有意料之外的时候。奥尔塔有一个习惯,那就是喜欢每天早上到府邸附近的公园散步一段时间,然后在回到府邸进行工作。2008年2月11日清晨,拉莫斯·奥尔塔总统在帝力的总统官邸的公园像往常一样,走在公园的小径上,耳边却突然传来枪声。于是他拒绝坐车回到府邸,而是选择步行。等到他站在府邸前,这时候突然有一个男子从门后出来掏出手枪,对着奥尔塔就是两枪,奥尔塔的腹部和胸部中了枪。保镖立马进行还击,然而令人遗憾的是,一个保镖当场牺牲。另一个保镖则在还击中击毙了叛军首领阿尔弗雷多·雷纳多。奥尔塔受伤后迅速被送往帝力澳大利亚驻东帝汶维和部队医院,接受手术治疗。之后,奥尔塔被送到了澳大利亚进行治疗,经过两个多月的时间,奥尔塔终于再次回到总统的职位上。

据说那个叛军是一个青年,他曾经非常钦佩和敬重奥尔塔。可是由于一次又一次的失业以及生活的没有保障,他开始仇视这个世界。然后他开始观察奥尔塔总统及古斯芒的行踪,准备将他们杀害。幸运的是,奥尔塔在这次刺杀行动中,死里逃生。而在这次事件中,奥尔塔感到身心疲惫,接受采访时他暗示了他可能会辞去总统的职务。

中国作为东帝汶建国后第一个承认其独立的国家,和东帝汶有着很浓厚的感情。2002 年,也就是东帝汶成立的那一年,中国便和东帝汶建立了外交关系。国家领导人在听到奥尔塔遇刺的消息后,立即致以亲切的问候。奥尔塔也积极致力于发展东帝汶和中国的友好关系。而中国,则给予东帝汶很大的帮助。在东帝汶首都帝力破旧的建筑旁,中国政府赞助修建的总统府非常大气和醒目。自从东帝汶脱离印度尼西亚的统治的10年间，中国向其提供了5300多万美元的捐助。同时，当东帝汶粮食危机时，中国向其提供了8000吨大米。

在2012年东帝汶再次举行的总统选举中，奥尔塔再次参加总统竞选。在东帝汶的宪法中，总统连任不能超过两届。奥尔塔在第二次总统选举中，占了19.43%的票数，最终失败了。奥尔塔并没有因此而垂头丧气，相反他大方地给了继任者一个拥抱。

在2014年的10月17日，奥尔塔先生访问清华大学，此刻，他已经不再是总统。在这次访问中，他做客清华海外名师讲堂第158讲，发表了"预防冲突，结束战争，构建持久和平"的演讲主题。同学们听后，都深深地被奥尔塔的魅力所吸引。他谈吐儒雅，穿着绅士，风度翩翩，却能够透露出强有力的力量，让人心服口服。

就这样，奥尔塔继续用自己的行动，续写着他人生的传奇。回顾他走过的路，在1975年到1985年这10年的光阴里，他在联合国里一直致力于东帝汶的独立事业。在1999年，他担任外交部部长，积极发展国家的对外政策和建立外交关系。2002年，东帝汶独立。在2006年，他临危受命，担任总理职务。2007年，担任东帝汶第二任总统。2008年死里逃生，2012年离职卸任总统职位。在自己的人生道路上，他一旦做出选择，就努力向前奔跑。纵使狂风暴雨，纵使刀山火海，依然义无反顾地走下去，这就是奥尔塔，一个民族的骄傲，一个永远令人尊敬的英雄……

Chapter 06

"拼命三郎"
——埃斯塔尼斯劳·达席尔瓦

埃斯塔尼斯劳·达席尔瓦（1952—）出生于东帝汶首都帝力市。曾任东帝汶政府临时总理。1974年加入东帝汶独立革命阵线。1975年至1999年印度尼西亚占领东帝汶期间，他流亡国外，1999年回到东帝汶，2002年东帝汶正式宣布独立后，达席尔瓦任农业、渔业和林业部部长。2006年7月起任东帝汶第一副总理。2007年5月19日东帝汶临时总理埃斯塔尼斯劳·达席尔瓦在帝力宣誓就职。他将代行总理职务，直到东帝汶议会6月举行改选并选出新总理为止。

在东帝汶这个刚刚成立不久的国家，在达席尔瓦领导相关部门的几年间，东帝汶大米进口依存度由原来的2/3降到了1/3。这被认为是一个奇迹。他因此独步政坛，很快担任东帝汶政府副总理、临时总理。他是一个一直在奋斗、拼搏的政治家。他不同于其他的东帝汶政治家，他的经历有自己的独特之处。也许很多时候，他没有在那枪林弹雨的战场上进行战斗，但是，他用自己的方式，竭尽自己的全力，来为自己的祖国时刻奋斗着。

01 / 勤奋学习的少年

1952年，埃斯塔尼斯劳·达席尔瓦出生在首都帝力。由于达席尔瓦家里的日子非常贫困，在达席尔瓦出生之前，家里已经有两个孩子不幸夭折。现在看着达席尔瓦，父母显得格外的疼惜，他们不想再让悲剧重演。但是达席尔瓦相对来说比较幸运。那就是他能够吃得饱了。他的父亲是一名技员，从事机械行业；母亲，则是一位辛勤而又聪明的种植高手。受着家庭的影响，他很快就对这两项工作产生兴趣。

在中国，一直流传着《孟母三迁》的故事，环境会对个人的成长产生极为重要的作用。达席尔瓦的母亲，也许并没有读过多少书，但是，她却深谙教育之道，很重视对孩子的培养。

有一次，达席尔瓦和母亲一起去田地里玩。这是一个丰收的季节，放眼望去，一派丰收的景象。家里最为常见的，便是咖啡果。小小的达席尔瓦，还是第一次在田地里看到这些可爱的果子。抬头看看这些咖啡树,大都在2米左右,像一个个小小的矮灌木丛。而咖啡树的两边,则都被一些高大的芒果树给遮盖住了。第一次看到这些,小小的达席尔瓦很是新鲜。他尽情地在这片土地里徜徉,感受脚下踩着的土地的神奇力量,闻着瓜果的芳香。天空很晴朗,阳光明亮而不刺眼,清风温柔而不狂躁。然而,他并不只是来欣赏风景的。

在东帝汶这个地方,小小的孩子,都要学会帮助自己的妈妈做一些力所能及的家务。俗话说得好"穷人的孩子早当家"。妈妈看到小小的达席尔瓦沉浸在土地的丰富带来的快乐中,温柔地摸着他的头,对他说:"土地总是有着神奇的力量。"小小的达席尔瓦并不懂得其中的含义,他不明白,难道土地会变魔法吗?

妈妈对他说,欣赏完美景,就要开始工作啦。她先教达席尔瓦如何摘取咖啡豆,孩子很开心地和妈妈学着做,很快就学会了。妈妈看到这种场景,就交给他一个小小的任务——采摘低处的咖啡果。小达席尔瓦能伸手够到的地方,要自己来采摘,妈妈则负责高处的。任务不算艰苦,今天

"拼命三郎"——埃斯塔尼斯劳·达席尔瓦

上午的任务就只有五棵咖啡树。

然而,采摘的过程并不是想象那样的简单。因为咖啡果的生长很奇怪。它不像葡萄那样,一下子就可以摘下来,而是都顺着一条枝上生长。并且每条枝上的咖啡果的成熟期限也不一样。有的还青青的,有的才稍微变黄,有的则变成黄褐色,有的真正的成熟了,鲜红鲜红的惹人喜爱,有的则由于没有及时采摘,变成褐红色。采摘这些果子,需要很大的耐心。

刚开始的时候,达席尔瓦感到很新鲜,他干得很兴奋,不一会儿,就采摘完了一棵。可是,刚刚采摘完一棵树,他就有些累了,不想再采摘。他向妈妈请求休息,却遭到了妈妈的拒绝。他就生气地把篮子放下,又哭又闹地说想回家。母亲说:"亲爱的孩子,妈妈知道做这种活,会很麻烦,很累。但是,如果因为麻烦,因为累就放弃的话,我可不相信。我的孩子一直都是很棒的。尤其是像你,一直都是妈妈的骄傲!"于是,达席尔瓦重新站了起来,拍着自己的胸脯对妈妈说:"妈妈,别看我个子小,我可是一个超级厉害的人物!刚才我和你开玩笑呢!"达席尔瓦拿起了自己的小篮子，继续开始他的工作。这次，他没有说累，尽管豆大的汗珠从他的头上一颗一颗地滑落下来。

1961年至1962年间，他开始在学校进行学习。然而由于种种原因，1963年一年，他中断了自己的学习。1965年，他又继续恢复了学业。1970—1971年，已经快20岁的他，在帝力的一家技术学校学习。毕业于帝力技术学校之后，他自己一人前往里斯本，进行电气和机械工程领域的进一步培训。

说起来到里斯本，达席尔瓦付出了很多非常人的努力。在那一年，老师来到学校，告诉了他们一个好消息：谁学习成绩突出，谁就有机会去里斯本进修。

学习电气，是要不断给自己充电并且坚持与时俱进的。因为它的更新换代非常之快，很多人都无法适应电气专业的压力。于是不少人纷纷选择转成别的学科。达席尔瓦一开始接触这些东西的时候，非常的苦恼，因为好多东西以前都未曾接触过，经常是一次又一次地被老师批评。为此他还曾经受到别人的嘲笑。"乡巴佬，这个你怎么可能学会？"达席尔瓦没有说话，对于这样的话，他总是不屑置辩的。

"拼命三郎"——埃斯塔尼斯劳·达席尔瓦

剩下的日子,他把自己交给了课本。慢慢地,他开始学会并且理解了那些一开始很困难的内容,不仅如此,学了一段时间后,他反而对这门学科越来越感兴趣。在一次月考中,达席尔瓦由原来的中下等一下子到了第一名。

看到达席尔瓦这惊人的进步,很多人开始怀疑他。认为在这么短的时间内有这么大的变化绝对不真实。但是,当同学们看到他的学习行程之后,不得不承认,达席尔瓦果然是通过自己的努力才获得这样的成绩的。在他的桌子上、手上,甚至衣服上,都写下了他记不住的内容。虽然考了一个不错的成绩,但是他并没有骄傲,反而是更加忙碌了,有时候连吃饭的时间都没有。不过幸运的是,爸爸是从事相关行业的人员,并且相当有经验。于是,他白天和爸爸一起进行实践操作,晚上开始学习理论知识。学习理论知识的时候,连电气的知识也要同时兼顾。在那个时候,由于家里很多时候会停电,他不得不点着蜡油学习。有一次,由于学习太过认真,蜡油把他的头发都烧着了!

还有一次,他仍然是点着蜡油进行学习。他苦苦思索着一道问题的答案。一不小心,手把蜡油掀翻了,蜡油全洒在笔记本上，火也趁机着了起来。他赶紧拿来水，将火扑灭。可是，桌子上的笔记本成了一堆灰。达席尔瓦难过极了，这时候，他又回想起第一次和妈妈采摘咖啡果的场景。是呀，自己已经努力了很久，怎么可能半途而废？他重新收拾了心情，又开始全身心地投入学习。那个笔记本，他愣是凭借着自己的记忆和努力，重新写了出来。

他的努力，取得了成效。也就是他获得了去里斯本进修的机会。你说他是幸运吗？不是。有多少人，面对这样的困苦和艰难，都选择了放弃。而达席尔瓦，他却用自己的毅力，战胜了困难，并且取得最后的胜利，这是必然的结果。

02 / 飘洋过海来求学

1974年，达席尔瓦加入了"独立革命阵线"，成为里斯本对外分公司的创始人。1976年，达席尔瓦不得不中断自己的学习。他被"革命阵线"的领导人派往澳大利亚，游说他们对东帝汶独立斗争的支持。

然而，说服一个人，是很不容易的。这需要的是智慧，有时候需要的是时机。这段时间，达席尔瓦总是奔走在各个地方，很多时候，自己每天的休息时间，往往仅有三四个小时。有时候，他刚刚躺下，又收到新的消息，不得不立刻起床，行走在路上。

终于，经过他和一些同仁的共同努力，赢得了一部分澳大利亚人的支持。这些澳大利亚支持者，要想联系东帝汶独立运动的领导阶层，就得先与他们取得联系。那个时候，不像现在这样方便，有手机可用。他们需要的是无线电。这个难题，又落在达席尔瓦的肩上。由于达席尔瓦并不是澳大利亚的居民，要想运用无线电，他不得不在地下进行操作。经过6个月的辛苦努力，他成功地和东帝汶独立运动的领导层取得联系。

当然，进行地下无线电的通信，仍然要克服很多的困难。要把无线电报发出去，就要有发电报和译电报的工作。同时，还要有密码本子，一个是明码，一个是密码，合起来之后才能发报，很复杂。搞无线电工作都是很艰苦的，通常，如果外面下着雨，无线电的信号就会受到干扰，而且当地天气又十分的炎热、潮湿。所以他不得一次又一次地去擦拭这些设备。而这些工作大多数是在晚上。因为在白天的时候，敌人的电台总是会发出干扰的信号，来搅乱双方的联系。通常在这个时候，达席尔瓦是整晚不睡觉、不休息。白天才有一点点的空闲时间。

1976年9月的一天，达席尔瓦像往常一样，小心翼翼地进行着无线电的操作。这时候外面突然响起一阵脚步声，达席尔瓦和他的搭档猜测他们可能被北领地的警察包围了。他们把自己所用的无线设备和那些秘密的消息稿件藏了起来。等到他们都完成一切之后，已经逃脱不掉了。他们刚整理好衣服，警察就进来了，只看到达席尔瓦和他的搭档在喝着茶、聊着天。看到警察进来，达席尔瓦装作吃惊的样子，倒了一壶茶，然后装作十分恐惧的样子走到警官旁边。"警察大人，什么事劳您大驾光临？"警官把茶推到一边，然后说："开始搜。"伙伴和达席尔瓦都装作淡定的样子，他们搜了半天，有一个人小声地在警官耳边说："什么都没有搜到。"达席尔瓦他们才松了一口气。警官说："有人举报你们从事地下电台的相关工作,你们最好老实交代。"达席尔瓦说:"亲爱的警官,您也进行了搜索,什么都没有找到。我怎么可能做这种事情呢?我不过是和朋友一起聊天罢了。"警官的语气变得强硬,命令道:"不管是还是不是,你们必须和我走一趟。"达席尔瓦和他的伙伴被推推搡搡地走出了门。

在审讯的时候,达席尔瓦十分着急。在这个时候,他所关心的,并不是自己的境况,而是担心如果他们被搜查的消息没有传达出去,将会造成多么严重的后果。他很自责,如果做得好也许就不会被逮捕,消息也就能够准时发出去了。

那些警察对他们并不客气,进行了一次又一次的威胁和强迫,可是一切都无济于事。达席尔瓦和他的伙伴始终守口如瓶。经过一天的审讯,他们俩终于拖着伤痕累累的身体回来了。

这个地下无线电的工作,因为这次的行踪暴露而停止了。达席尔瓦决定在莫桑比克定居。无线电路后来由东帝汶独立运动的成员和澳大利亚的支持者重新建立。

莫桑比克,在1975年之前,也曾经是葡萄牙的殖民地,是非洲南部的一个国家。1975年,葡萄牙的康乃馨革命之时,很多的地区脱离葡萄牙的统治,莫桑比克也抓住这个机会,成立莫桑比克共和国。也许是曾经有着共同的经历,很多东帝汶人来到了莫桑比克。

在莫桑比克定居的这段时间,由于莫桑比克也刚刚成立不久,这个国家在此刻并不稳定。但是,他亲自感受着这个国家在建设过程中所做的努力。也许,在将来的某一天,可以借鉴他们的一些方法。他相信,距离东帝汶独立的日子并不遥远。

来到莫桑比克之后,他并没有放松自己的生活和对自己的要求。虽然远在异国他乡,他仍然时时刻刻关注着东帝汶的状况。他相信学无止境,所以又开始新的学习和职业生涯。

这一次他决定学习农业。经过自己的不断努力,他成功进入蒙德拉内大学。都说兴趣是最好的老师。他对于农业的热爱,从小时候就开始了。尽管小时候总是不断帮妈妈干农活,可是从这片土地里,他还是收获了太多太多的东西。这时候,他又可以在那广阔的土地上劳作。他非常有兴趣,一个小小实验的成功,都能让他兴奋一天。

是的,对于一个有毅力又勤奋的人来说,无论做什么,都会手到擒来、顺风顺水的。毕业之后,达席尔瓦凭借自己高超的专业和技术水平,在一家国立企业担任莫桑比克政府的首席农艺师。要做到农艺师,一般来说,对技术、对知识的要求都是比较高的,更何况,是政府的农艺师呢。那么,农艺师都有哪些要求呢?

农业系统职称从低到高分技术员、助理农艺师、农艺师、高级农艺师(副高)、研究员。农艺师是专业技术人员。他们负责的内容,有着非常详细的划分。比如说有的负责研究农业生产的种子,有些负责处理粮食植株上残留的农药……你可能会说,这些农民自己都会干,还需要什么农艺师?那就大错特错了,虽然这些内容听起来简单,可是并非想象的那样。即使一个有60年耕作经验的老农,也很难达到这种水平。

这个工作实际上非常的重要。它与农业息息相关。一个国家农业的强大,正是与这些人的辛勤劳作与研究分不开的。但是,作为东帝汶人,他现在虽然在莫桑比克,日子过的也比较舒适。可是，他没有忘记对祖国的牵挂。

东帝汶，这个目前仍然不富裕的国家，在当时，很多人的生活还是处于比较贫困的水平。在印度尼西亚侵略期间，对东帝汶施行残酷的"饥饿"政策。他们斩断东帝汶的粮食供给，成千上万的人由于没有粮食吃，饿死在街头，很多的绿地也变为荒山。

听到这个消息，达席尔瓦发誓一定要用自己的专业技能，来解决国家的粮食问题。于是他更加积极地参与相关方面的培训。1983年，他出席了印度半干旱和干旱地区的农业系统举办的短期培训课程。

在培训期间，他认真总结相关经验，每一个细节，他都不肯放过。因为他知道，一旦错过任何一个细节，结果就可能会截然相反。同时，达席尔瓦在会议结束的时候，积极地提出一个又一个问题。培训师对于达席尔瓦认真的态度非常感动，于是送给了达席尔瓦一本他自己非常喜爱的书。他对培训师表示感谢，回去之后认真地研读每一页，甚至每一个字下面都做了相关的笔记。直到多年以后，对于这个培训师和这本书，达席尔瓦都是心怀感激的。

"拼命三郎"——埃斯塔尼斯劳·达席尔瓦

为了让自己的知识更加完善，1985年达席尔瓦回到了澳大利亚。在澳大利亚，他继续深造了农业相关的知识。他所在的农学院，有很浓厚的学习氛围。有一次，一向沉默而又谦虚的达席尔瓦因为一个小小的问题，和自己的同学吵了起来。

导师走过来，问他们吵架的原因。原来，他们正在研究一个新的相关的农业项目，一种新型小麦的品种，这就涉及很多相关的知识了。包括阳光的照射情况、浇水量的多少、温度的高低、种子在土壤中埋藏的深度等。可是问题就出在这里，他的搭档，认为应该埋在土壤下面3—5厘米。可是达席尔瓦却认为，最佳的应该是在3—4厘米。因为这1厘米，他和同学吵了起来。他认为，作为一个科学家，必须有着严谨的科学态度，哪怕是1毫米的差错，都可能会造成不同的后果。而他的伙伴认为他太过于吹毛求疵，导师听了之后，对他们说："用你们自己的实践，来证明自己。"听了导师的话，两个人都安静下来。接下来的日子，就是用自己的实际行动来让对方信服。

这个过程紧张而又激烈。达席尔瓦小心翼翼地开始自己的实验。阳光、温度、水……每一个细节,他都不会错过。每一个种子,在他看来,都是一个新生命。他认真量好土地深度,将种子埋进去。几天之后,种子就冒出来嫩芽。新出生的小苗,嫩嫩的,绿绿的,好奇地张望着这个世界。一棵棵,一排排,在温暖的阳光下,尽情地舒展着腰身。新出生的生命,总是给人一种亲近感,他让你感受到的,都是最初的美好。

他又想起了曾经和妈妈一起去植物园的那个场景,那个温柔而又美丽的一天。也正是那个时候,他开始爱上土地,而且随着时间的增长,这分爱,有增无减。

小麦渐渐地长大了,开始结穗。在这些植物生长的过程中,达席尔瓦就像一个农民一样,悉心照顾着自己的果实。守护着自己的果实。他不期待这些粮食最终的果实会是怎样的,重要的是,凡是一旦下定决心要做,就一定要做好。这个小时候妈妈对他说的话,即使到现在,他仍然没有忘记。

结果出来了,是达席尔瓦赢了。那个曾经和他打赌的伙伴,以为达席尔瓦会得意扬扬,或是向自己炫耀。但达席尔瓦只是走过去,和他握握手,然后又开始下一个实验。

从那以后,他们的关系更进了一步。曾经的对手,也对达席尔瓦非常的钦佩和欣赏。在他看来,达席尔瓦给人的感觉总是一心一意、态度认真、低调踏实。总之,达席尔瓦是一个非常认真的人,他做事从来不马虎,有着严谨的科学态度。

03 有能力的行政官

当达席尔瓦再次到澳大利亚时,他思绪万千。回想当时那些无数无眠的夜晚,回想那惊险的被审判的时候,达席尔瓦嘴角扬起了微笑。这些对于别人来说,可能是一段痛苦而又惊恐的回忆,可是在达席尔瓦看来,这些事却构成了他奔向幸福的阶梯。祖国需要的时候,自己恰好也挺身而出,这是最让人快乐不过的事情了。

刚刚停下脚步的达席尔瓦,不得不又忙起来。这个时候,东帝汶一次次地传来印度尼西亚军队的恶行。达席尔瓦充分利用一切能够动用的资源,向世人昭示东帝汶人民所受到的一切困难。他在公共论坛上发言,组织反对印度尼西亚非法占领的游说活动,组织筹款活动和游说议员……他的这些活动,与争取独立斗争的其他主要形式,如山区的游击队活动以及城市的游行示威相配合,给予印度尼西亚军队沉重的打击。

这些参与游行示威的人员,大都是受过教育的青年。他们热血沸腾,行走在街道上,高呼着"还我主权,反对暴行!"一声声,响彻云霄。在这个时候,印度尼西亚军队进行了残酷的镇压。在1993—1994年,联合国秘书长安排印度尼西亚、葡萄牙外长举行了一系列没有东帝汶代表参加的有关东帝汶问题会议。同年,达席尔瓦由于长期在澳大利亚生活并且对这个地方比较熟悉,被选为"革命阵线"在澳大利亚的代表。在担任代表期间,他与秘密运动和东帝汶抵抗运动在东帝汶领导层保持定期的接触,力图帮助在东帝汶受到迫害的人们逃离并定居澳大利亚。

1998年,达席尔瓦成为当澳大利亚举行的东帝汶"革命阵线"名单上的第9个名字。而此刻,他表面上的工作

"拼命三郎"——埃斯塔尼斯劳·达席尔瓦

是在澳大利亚棉花研究所工作。

1998年8月30日，东帝汶人投票有将近80%的人支持脱离印度尼西亚的统治，这个结果被联合国宣布。这个时候，印度尼西亚对东帝汶的暴行达到了高潮：大规模的杀戮和洗劫以及焚烧事件，东帝汶局势难以控制。联合国再次出手，印度尼西亚军队10月31日退出东帝汶。

在东帝汶暴行更为猖狂的期间，达席尔瓦的工作也更为繁重。他一次又一次救助那些受到迫害的人，帮助他们脱离困难的境地。几乎每一个角落都有他救助的人，他给他们提供食物并且悉心地照顾他们。除此之外，他还联合当地的教会人员积极救助这些无家可归的人。然而，自己救助的人员还是有限的，所以在夜深人静的晚上，他总是不停地自责。看到那些同胞们惨死在屠刀之下，自己却仍旧无能为力。自己的力量毕竟是有限的呀！但是，回头一想，现在东帝汶总算是脱离了苦海，幸福的日子也指日可待。他相信，不久的将来，祖国一定会强大起来！

2002年，东帝汶正式成为独立的国家。达席尔瓦成为农业、林业和渔业部的部长。这个时候他仍然没有忘记不停地给自己充电，因为他觉得，自己的能力还远远不够。也正是在这一年，达席尔瓦在日本东京和亚洲开发银行研究所完成了为期两年的管理和领导力研究生培训课程。

他担任部长之后，认真地研究祖国有关农业、林业以及渔业的各种状况，亲自去考察、实验，这些都是他的家常便饭。

有一次，他去考察。他穿着农民穿的普通衣服。这时候，他走到田边，看见一位农民在田地里摘咖啡豆。这个农民，由于年纪大了，高处的地方并不能很好地摘到，有好几次，由于踮起脚来，都快摔倒了。达席尔瓦看到这种情景，走过去。默默地帮助他摘了起来，他怕老农误会，说自己仅仅是想帮助他。老农很高兴，高处的咖啡果终于可以摘下来了。

晚上，老农打开电视机，画面中出现的人物让他突然感觉有点眼熟。等他反应过来，他泪流满面……

一个国家的部长，竟然帮助一个农民摘咖啡豆，谁能不为之动容？这个故事传开了，很多人都由衷地尊敬这位亲民的部长。

"拼命三郎"——埃斯塔尼斯劳·达席尔瓦

东帝汶,面积相当于 21 个新加坡的大小,有森林、农田,盛产咖啡、椰子和十分珍贵的檀香木。在矿产方面,有优质的金矿和大理石。畜牧业种类繁多,有贝壳满地的海滩和地中海式风光明媚的景色,具备开发旅游业的大好优势……近年来,也有不少的中国人去东帝汶旅游。那里的交通虽然不是很方便,但是很多人对当地独特的地方特色和自然灵光赞不绝口。

达席尔瓦充分利用充满优势的地理条件。他让农民们发展多种农业;他让人们去开辟那些荒地,种上庄稼来提高土地的利用率;他禁止人们捕捞小鱼,这样才能够可持续发展……正是由于他的这些行动,人们评价达席尔瓦时这样说:"他是一个有能力和受人尊敬的行政官。他总是在自己的岗位上,兢兢业业地做些属于自己的工作。"在达席尔瓦的努力下,东帝汶的粮食总产量一直在增长,稻米的产量每年都在增加。并且在达席尔瓦在位时,东帝汶的稻米进口依赖度从国内消费的 2/3 减少到 1/3。这项数据是非常惊人的,国际捐助者经常赞扬达席尔瓦领导的农业部门取得的优异成绩。

尽管如此,东帝汶这个国家,在世界上来说仍然算是比较贫困的。这也与其动荡的局势相关。2006年7月10日,达席尔瓦宣誓就任东帝汶第一副总理。这个时候,阿尔卡蒂里由于国内等的压力,辞去总理一职。2007年5月19日,达席尔瓦宣誓就任代总理一职。2007年8月8日,当议会选举之后,夏纳纳·古斯芒宣布就任总理时,他离任。

除了在农业上的相关贡献,达席尔瓦也积极参与国家及国际事务。2015年5月4日,作为国务部部长兼经济事物协调人兼农业与渔业部部长的达席尔瓦和时任中国驻东帝汶大使会面。在见面的时候,达席尔瓦和大使就农业相关方面交谈。达席尔瓦首先表达了对中国的感谢,并且表示愿意在农业项目的相关方面继续合作并且加深。他欢迎中国投资者到东帝汶进行农业投资。同时,田中国大使还向其介绍了关于"一带一路"的倡议,特别是"21世纪海上丝绸之路"以及亚洲基础投资银行的有关情况。听到这些,达席尔瓦比较赞成,他认为这些倡议非常值得去实施,因为它给多个国家的发展提供了可能,具有重要意义。

2016年6月24日,应驻东帝汶大使的邀请,达席尔瓦再次做客中国驻东帝汶大使官邸。大使对于达席尔瓦的到来表示热烈欢迎。达席尔瓦非常重视中东两方在各领域务实合作。他相信，这将成为推动可持续发展的重要动力。他表示愿意继续与中国一起努力，并且期待双边合作能够取得更多丰硕成果……

除此之外，在2016年10月14日举行的"舟山—澳门—东帝汶渔业合作洽谈会"，达席尔瓦也出席了。由于中国的舟山渔场和东帝汶的条件非常相似，所以达席尔瓦表示希望和中方在水产、海洋养殖等方面加强合作。

通过这次会议，埃斯塔尼斯劳·达席尔瓦表示，中葡论坛的举办显示出澳门桥梁和平台作用的重要性。因为东帝汶有很多优势资源还未得到开发，所以达席尔瓦非常愿意中国能够与东帝汶加强合作，希望通过这次契机为当地带来农业开发、旅游开发等新项目。

埃斯塔尼斯劳·达席尔瓦的故事就叙述到这里了。纵观其曾经的经历，更多的成功，他都是靠自己拼搏进取和努力来实现的。而"拼命三郎"的称呼，正是体现了其兢兢业业、刻苦努力的奋斗精神。

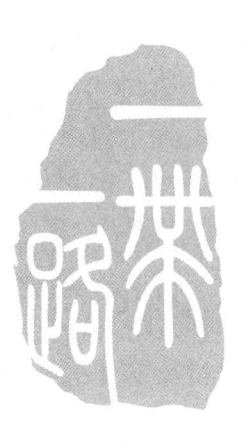

Chapter 07

英年早逝

——费尔南多·拉萨马·德·阿劳若

2008年2月11日，东帝汶的领导人奥尔塔被杀手击中受伤。在这种突发的情况下，奥尔塔总统位置就暂时空了下来。经过一致决定，由费尔南多·拉萨马·德·阿劳若担任临时代理主席。2月13日他正式代理国家事务，这可以说是临危受命。

费尔南多·拉萨马·德·阿劳若（1962—2015年）出生在东帝汶的山区一个贫困的农民家庭。他年轻时曾参加东帝汶学生民族抵抗运动，被葡萄牙当局判处6年零4个月的监禁。

2002年6月30日，东帝汶建国以来的首次议会选举，他被推选为议会议长。2007年4月他以民主党候选人的身份参加东帝汶总统选举，得票率排在第三位。2008年2月11日，东帝汶总统若泽·拉莫斯·奥尔塔和总理若泽·亚历山大·夏纳纳·古斯芒的官邸先后遭到叛军袭击，奥尔塔腹部中弹受伤，费尔南多在2月13日至4月17日任代总统。

01 / 不堪回首的童年阴云

1962年的春天，山顶上的积雪开始悄悄地融化，枝丫上的树叶也重新舒展着柔软的腰身，小鸟自由自在地飞翔在广阔的天空，唱着一首又一首的春天之歌。在这温馨而又祥和的环境下，费尔南多来到了这个世界上。

这是一个非常贫穷的家庭。家里没有窗户也没有门。于是爸爸用一个又一个的椰子壳堆在窗户上，稍稍地避些风雨。可是这样一来，屋子里变得更加昏暗。如果不出去，几乎都不知道是白天还是傍晚。更让人头疼的是，一旦刮风，这些椰壳就会一个一个地掉下来，家里人不得不一次又一次地把它们堆起来。门口偶尔有光线射出来，形成一个长方形，然后这个影子慢慢地拉长，然后变短直到消失。

费尔南多是家里的第10个孩子，他有5个哥哥和4个姐姐。姐姐现在最大的18岁了，有两个哥哥已经结婚，目前和家人生活在一起。

房子虽然很破，但是好在还算不小。几个人晚上挤在一起，直到一个又一个的人发出鼾声。费尔南多躺在妈妈的怀里，现在他还很小，时不时地发出快乐的笑声。

每天早上天刚刚亮的时候，爸爸叫孩子们起床，然后一起跑到田地里干农活。费尔南多就只能在家里和妈妈在一起。妈妈总是不停地忙来忙去，小费尔南多就被放在床上，东捏捏西看看。不一会儿就把全身都弄得脏兮兮的。妈妈也不放心，回来看一眼费尔南多，她温柔地说着："小宝贝，你怎么变成一只泥娃娃了！"边说边用布把他身上擦干净。小费尔南多乖乖地躺在那里，感受着母亲的呵护与关爱。

除了农耕以外，由于食物的匮乏，爸爸不得不经常出海打鱼。这一出去就是几个月。等到他回来的时候，总是会有各种鲜美的海鲜，这个时候的费尔南多总是会跳着舞，大声地唱着自己胡编的歌曲，来表达自己溢于言表的喜悦之情。爸爸妈妈通常会被他逗得哈哈大笑。

费尔南多到了上学的年龄。他的哥哥姐姐，很多人都没有上学。所以费尔南多格外珍惜自己这来之不易的机会。在乡村学校上课的时候他总是非常认真地听讲，然后把自己认为重要的东西整齐地记在自己的笔记本上。他一回到家里，哥哥姐姐和爸妈就围在他的身边，让他当小老师，给他们讲在学校学到的内容。费尔南多装作老师的样子，把手背在自己的身后，抑扬顿挫地说起话来。几个哥哥听得不耐烦了，准备离开的时候，费尔南多突然走到他们面前，然后对他们说："老师在学校说了，我们不能做一个半途而废的人。我们应该坚持到底，克服困难。"看着费尔南多一脸认真的模样，哥哥们顿时被逗得哈哈大笑。他们把费尔南多抱在怀里，怜爱地摸着他的头。

1975年，东帝汶"革命独立阵线"宣布东帝汶民主共和国成立。仅仅在9天之后，印度尼西亚的军队就从山上开始入侵这个国家。

那一天早上费尔南多穿好干净的衣服，背上妈妈给他新做的书包，准备出发。然而一切都好像是有预感似的。当费尔南多一切都准备好之后，他突然对家人说："我今天不想去上学了，我只想陪在你们身边。"爸爸听到这句话之后，脸色一下子就沉了下来，对他说："你必须要上学，怎么能这么任性？"听了爸爸的话，妈妈温柔地对费尔南多说："孩子，你什么地方不舒服吗？还是有什么别的事？"费尔南多挠挠脑袋,低下头小声地对妈妈说:"我就是想和你们在一起。"妈妈抱了孩子,说:"你要听话,妈妈会在家里等你,我们不会跑的。"费尔南多点点头。

来到学校里,以前一向认真听课的他,今天却怎么也安不下心来。他总是感觉心慌意乱,不知不觉地陷入迷茫与慌乱之中。难熬的时间终于过去了,等到他回到家门口,被眼前的一幕吓得说不出话。他看见一群印度尼西亚的军人正在疯狂地进行着屠杀。妈妈、姐姐……所有的人,都躺在了冰凉的地上。这个时候有一个士兵正在用手抓起爸爸的衣服,爸爸使劲往那个士兵的脸上吐了一口。那个士兵突然发了疯似地狂叫着,一下子把刀捅进父亲的胸口……父亲的双眼睁开着。费尔南多想发声叫喊,却如何都张不开嘴巴,他想冲进去和他们拼命,但是他们一群人手里面都拿着枪和屠刀。他捂住自己的嘴,把所有的眼泪都咽了下去。然后记住这些坏人的模样,悄悄地跑到附近的林子后面躲了起来。他不敢让自己回忆刚才的画面,躺在一块石头上,那血由父亲的胸脯一滴滴留下来的场景,妈妈和哥哥、姐姐,还有很多不认识的人躺在地上那惊愕的表情,一遍又一遍地在他的脑中浮现。他甚至想过死，但是当他来到悬崖边准备跳下去的时候，他突然转过身来。"对，我不能死，我要活着，我要把那些坏人全都一网打尽！"仇恨和愤怒让费尔南多失去了理智。这个时候他只有12岁呀！他只是个孩子呀！

　　费尔南多决定活下来，他感觉饥肠辘辘。他已经快3天没吃饭了，他开始在山上寻找野果。他找到了一些野草莓，狼吞虎咽地吃起来。他不敢回家，因为在跑的过程中他发现整个村子的人几乎都被杀了，路上、野地里，到处是一具又一具的尸体暴露着。

　　他就一边乞讨，一边逃亡。他来到了一家修道院，请求那里的教堂管理员能够收养自己。这个管理员叫霍塔，50岁左右，个子不高，总是一脸和善的微笑，让人感到非常的亲近。那人看他衣服都已经破烂不堪，他的脸上都是一个又一个的伤口，嘴唇裂开了一道道的口子。他赶忙把孩子叫进教堂，给他换了一件干净的衣服，然后又给他端来一些饭菜。费尔南多好久没吃饱过了，他一边吃着，一边想起来妈妈做给他的饭，眼泪就一直流……看到他这个样子,神父一遍又一遍地祷告。含着眼泪,费尔南多睡在了温暖的床上。

02 倔强固执的"班头"

在修道院里,费尔南多非常懂事和勤奋。他每天早上起来,总是把家里都收拾得干干净净。这个管理员非常喜欢他,并且总是把一本又一本书拿给他看。

有一天霍塔对费尔南多说:"孩子,你现在上几年级了?"

费尔南多听到这个问题,然后低声地说:"五年级了。"

"你想要重新去上学吗?"

"当然想了!"费尔南多脱口而出。

"我已经帮你联系了一家天主教学校,你明天就去上学吧!"

费尔南多抱起霍塔,可是他很久也没有抱起来。于是他让霍塔低下头,对他亲了又亲。

他飞快地跑遍教堂,看见人就大声地喊着:"我要去上学了……我要去上学了……"

第二天,他早早地便起床,很快收拾好东西,在霍塔的带领下来到了学校。学校里看到来了一个新的学生都非常好奇,他们下课主动和费尔南多打招呼,很快就玩在了一起。经过和费尔南多的相处,同学们发现他非常努力而又讲义气。所以,他不自觉地就成了这一群学生的首领。

因为老师留的作业给同学们压力太大,费尔南多就开始代表学生们去和老师进行"谈判"。有一次,老师又给他们留了一个苛刻的作业,那就是要求每一个学生必须把圣经整本书全部背诵下来,而且时间只有15天。听到这样的苛刻要求,孩子们都敢怒不敢言。于是在这个时候,费尔南多把大家聚集在一起。同学们纷纷向费尔南多抱怨老师的要求。费尔南多对大家说:"同学们放心,我会代表大家的意愿,请求老师改变自己的想法。"

费尔南多回到自己住的屋子躺在床上,想着可能有用的方法。这个老师,可是学校有名的"老虎"。谁敢公然对抗他,就可能会有被开除的危险。他通常会对学生们提出一个又一个苛刻的要求,同学们从来不敢抵抗。以前就有学生不服气,他们向老师发起挑战,最终结果都是学生败下阵来。

第二天早上,费尔南多来到老师的家门口。他在门外徘徊着,这时候老师看到他有些意外。但是他知道,费尔南多此行的目的,一定是来向他宣战的。

他把费尔南多请到家里,费尔南多和他面对面坐下来。费尔南多是一个非常直爽的人,他没有转弯抹角,而是对老师说:"老师,来到这里打扰您了,请您见谅。我来到这里,我猜您也能猜到什么意思。您这次让我们完成的课外作业任务有些苛刻了,我认为同学们是无法完成的。"

老师微微笑了一下,"我可不这么认为。"

"您试过吗?成功了吗?"费尔南多反问着,礼貌中又带有一些攻击力。

"我试过,但是我用了一个月的时间。那个时候,我用的这些时间,可以说是创造了一种奇迹。"老师一脸的骄傲。

费尔南多看着老师骄傲的表情,突然有了一种想法。他对老师说:"老师,要不我们来一场赌注吧!你觉得怎样?"

老师听着学生的挑衅,倒是很想看看他究竟想要怎样。

他把头转过来，对着费尔南多说："说吧！你想怎样？"

费尔南多说："如果我花14天的时间背下来，你就要放过全班的同学。"

老师听到他的打赌，感觉他肯定做不到，哈哈大笑地说着："我接受你的挑战。"听到老师这句话费尔南多微微一笑，走了出来。

他们一起来到班级教室里，老师向大家宣布："费尔南多昨天向我发起了挑战，他说他如果14天能够背下圣经，我就放过你们；如果他不能完成，你们就会受到更严峻的惩罚。"

大家听到这个赌注，感觉自己肯定完了。不是他们不相信费尔南多，而是觉得他这个决定实在是太鲁莽了。怎么可能，在短短的14天，把那本厚厚的《圣经》背下来？

费尔南多给自己定了目标，每天背诵多少内容。如果不能完成，他就不会睡觉。14天后，公布结果的日子到来了。

他来到教室里，同学们都把眼睛聚集到了他的身上。他们怀着忐忑的心情，等待着那个结果。老师宣布："现在开始啦！"于是他随口考了任意的一篇。第一篇费尔南多背得还不错，第二篇也还可以，等到十几篇背下来时，同学们和老师都呆愣在那里。凭借着自己的毅力，他给同学们争取了一次机会，老师也对他刮目相看。

有人说："顽强的毅力可以征服世界上的任何一座高峰。"凭借自己的毅力，费尔南多又赢得了去印度尼西亚出国留学的机会。这个时候他也开始积极投入反抗印度尼西亚军队入侵的斗争中。

03 不一样的大学生活

费尔南多非常喜爱文学，喜欢那些用自己的笔为国家奔走呼号的一个又一个的英雄。卢梭用自己的笔，启发了法国人的思想；莎士比亚用自己的笔，让人们思索生存还是死亡的问题；哥德用自己的笔，向人们倾诉少年时期的共同烦恼……他最喜欢的还是列夫·托尔斯泰，欣赏他那深沉的思想，冷峻的笔触。

他来到印度尼西亚的巴厘岛乌达雅纳大学，开始自己的新生活。这个学校现在非常的有名，它环境优美，景色盎然。在学校道路的两旁，一朵朵的三角梅傲然开放，非常美丽。它成立于 1962 年，也就是说当费尔南多过来的时候，这个学校还算年轻，只有 20 多年的历史。但是这里却是知识的摇篮，有着自由而又活跃的文化氛围。这里的学生都洋溢着青春的气息。

可是来到这个学校，费尔南多的心情总是有一些矛盾。他喜欢这里的文化学术氛围，但是每当看到那一个个印度尼西亚人时，心中总是存在着一种仇恨。是的，多少个夜晚过去了，现在的费尔南多也不再是以前的那个 12 岁的小孩，可是他永远也不会忘记，那一天放学回家的下午，那带血的残阳和恐怖的屠杀情景。

他知道这样的仇恨也许是不对的，可是他无法抑制自己内心的情感。所以每次他都会提醒自己，要理性地活着，理性地看待印度尼西亚的人民。经过自己一次又一次的努力，他的理性成功地战胜了自己的感情。

此刻的他也积极参加一系列组织，其中包括东帝汶学生组织的国民抵抗运动。费尔南多从小就表现出来的领导能力，这个时候变得尤为突出。他成为这个组织的秘书长。作为这个组织的领导人员，他们举行一次又一次地抗议和游行运动。这个时候的费尔南多除了要学习功课之外，还要每天秘密地组织活动。

"东帝汶独立！印度尼西亚军队滚出东帝汶！"一群学生拿着一个又一个的小旗子走在了路上。他们热血沸腾，激情澎湃，很多人的情绪也跟着高亢起来。这次运动，的确是费尔南多策划的。费尔南多站在人群中和其他的领导人秘密地配合着，指挥着整个运动。这个时候，突然出现一群印度尼西亚士兵。他们拿出手枪，准备射击这些手无寸铁的学生。看到这种情景，其他的领导人要这些游行的学生赶紧散开，逃跑。可是，一看到这些印度尼西亚士兵，费尔南多却突然丧失理性，他拼命地越过人群，想要扑向这些可恶的士兵！幸好被旁边的人拦下了，他在那里狂叫、咆哮着，然后眼泪就直奔下来。别人都不理解，一向平静的费尔南多，怎么表现得这样失态？他没有回答，只是眼圈变得红红的。

这次的抗议最终以5个学生死亡为代价。费尔南多感到非常苦闷，一个人坐在那里发着呆。在一个硝烟弥漫的年代，很多人都承受着与这个年龄不相称的东西。他们也曾迷茫和纠结，最终却又走向了成熟。

不幸的事情再次发生了。费尔南多像往常一样行走在大学学校的道路上，这个时候他已经完成了第一年的学习。几个印度尼西亚军队的士兵走过来，费尔南多知道，他将面临一个严峻的考验。是的，他被捕了，而被捕的理由是"颠覆国家"。

他被送到雅加达的监狱中。在雅加达的监狱里，有很多政治犯。他们的住宿环境会相对好一些。原本以为监狱是一个痛苦而又阴暗的地方，可是在那里的费尔南多却遇到了自己将来的妻子杰奎琳。

刚到监狱里的费尔南多，实在有些不适应。因为在这个时候，费尔南多也只有20几岁。他没有了自由，每天对着天窗发呆，看着阳光照进来然后又偷偷地溜走。每当太阳落下去的时候，他的眼神也突然变得黯淡。把费尔南多关在这里的目的，就是消磨他的斗志，让他停止那些反抗印度尼西亚军队的活动。

而在他的对面，住着的是一个女孩。她年纪看起来并不大，身体很瘦削，带着一副眼镜，一副彬彬有礼的样子。她的职业是一名学者，她之所以被关在这里是因为她在大赦国际的时候，触及了印度尼西亚的利益。

在监狱中，他看到很多人经受了严刑毒打。他是从他们鼻青脸肿的脸上看出来的。有时候，一个人甚至会被活活地打死。这种流血的恐惧让费尔南多一次次地发狂，他躲在角落里颤抖着，却不是由于害怕，而是因为那挥之不去的童年阴影。轮到审问费尔南多的时刻了，他被叫到审讯室。费尔南多从容地走过去，面对未知的事情，他没有丝毫的恐惧。他早已经下定决心，要为自己的国家和家人而献身了。他觉得自己可能早已经死了，现在只是在完成一个使命。当那个审问的人看到费尔南多居然是一个20多岁的学生模样，还是有些吃惊的。他看到的费尔南多的脸上还有些稚气，可是眼神却很坚定。他问了费尔南多一个又一个的问题，他从容而又巧妙地回答着，经过几天的审讯，他又被放了回来。他有气无力地回到牢房中,在回来的路上,却发现一双眼睛在紧紧地盯着自己。那个人就是杰奎琳。

可能是由于天天相见,可能是由于惺惺相惜,也可能是由于志同道合,两个人竟然习惯了彼此对视的感觉。也正是在这样一次又一次的对望中,他们开始喜欢上了彼此。在费尔南多看来,杰奎琳和很多的女性不一样,她坚毅、刚强,有丰富的学识。而费尔南多正直、自信,有着温暖的微笑。由于士兵的严加看守,他们之间不能有过多的语言沟通,所以他们有了自己独特的语言。比如说点头代表开心,把手放在胸口表示安全,把手放在鼻子上表示危险。

他们就这样默默地交流着,5年之后的一天,杰奎琳被叫了出去,并且被告知她已经自由了。她回来之后,一脸的茫然和不舍,她告诉费尔南多自己将要离开了。费尔南多先是沉默,然后又苦涩地笑了一下。他却突然发现,两颗晶莹的泪珠从杰奎琳的眼睛里掉了出来。费尔南多摸了摸她的头,然后对她说:"傻姑娘,这是一个多么值得庆祝的日子呀!祝贺你,终于得到了自由。"杰奎琳对他说:"我知道,还有一年你也将获得自由,我会等着你,直到你出来的那一天。"费尔南多默默地点点头，然后两个人紧紧地拥抱在了一起。看守人员看到这种情况，大吼起来："在这里居然谈起恋爱了？小心我宰了你们！"两个人不得不分开，这也是他们在监狱里的最后一次相见。

杰奎琳走后的日子，在费尔南多看来，甚至比以前5年的日子还要漫长。现在他觉得自己，突然有了牵挂，那是一种多么美妙的感觉呀！

通过小道消息和杰奎琳的帮助，他开始收获外面世界的一些情报。现在东帝汶的状况并没有好转，印度尼西亚军队的残酷暴行仍然是甚嚣尘上，很多人不得不离开自己的家乡。听到这些消息，他气得把自己的拳头握得紧紧的。他在心中一次又一次地提醒自己千万不能倒下，要和侵略者斗争到底。他认真研究着反抗侵略者的策略以期等到他出去的那一天，继续为争取东帝汶的民主自由而贡献出自己的力量。

这一天终于到来了。经过了6年又4个月的监狱生活，费尔南多终于重新获得了自由。

他并没有离开雅加达，而是选择留在了这里。他找到了杰奎琳并且和她结了婚。两个人一起开始为着东帝汶的民主自决而奋斗。费尔南多通过多种方式找到以前和自己一起努力奋斗的青年，并且建立了联系。他发现他们之中有好多人已经被印度尼西亚军队迫害致死。历史总是在进步，可是在这个背后，往往总是会有无数人的生命湮没在历史的长河之中。在杰奎琳的帮助下，他认识了印度尼西亚的人权维护者及民主倡导者，并且和他们进行了亲密的合作。

1985年，从东帝汶再次传来了印度尼西亚军队在东帝汶屠杀大量土著居民的消息。

费尔南多和在印度尼西亚的一些战友开始公开发表一次又一次的演说，希望这件事情能够得到联合国的重视和帮助。这个时候的费尔南多办事更加成熟和沉稳，他利用自己的机智一次又一次地躲过印度尼西亚军队的追捕。而他们的行动也取得了一定的成效，他们开始获得国际人士的支持。

费尔南多深感自己文化水平的差距，于是他做出了要去澳大利亚继续深造的决定。这个时候，他并没有停止对东帝汶情况的关注。

1999年，当东帝汶人民公投决定脱离印度尼西亚统治的时候，印度尼西亚军队的残酷行为达到极端。很多平民的正常生活都受到了严重的影响，他们不得不离开自己的家乡。费尔南多凭借着自己的努力，解救和转移了一个又一个人……随着澳大利亚维和人员的进入，东帝汶的情况也得到了好转。这个时候东帝汶也进入了建国的筹备阶段。由于一些问题和机制尚未成熟，由联合国暂时代理其相关行政事务并承诺三到四年内，东帝汶人将会自己治理这个国家。

04 标新立异的民主党

2001年，在澳大利亚的时候，几个朋友和费尔南多在一起，觉得有必要建立一个政党，以便将来能够适应国内形势的变化和要求。费尔南多觉得这个想法非常可行，于是开始操办相关的事务，并认真查阅了相关的资料。经过短短的两三个月的时间，东帝汶的民主党就正式成立。

民主党在这一年的选举中，赢得了 7 个席位。它的总部设在海滩边的一座普通的房子里，那里没有街道的名字，只有不远处竖着的一块简单的木牌上标有一个醒目的箭头并且标有数字 50 米，表示着他们的总部所在的方向和位置。他们的工作环境非常的简陋。走进去，有一个明亮而又干净的小屋子，里面只是简单地摆设着一些必要的桌椅。费尔南多就坐在这里，安静而又认真地处理着相关的事务。不同于其他组织，这里的领导人非常年轻，年龄基本上在 40 岁以下。可是这对于他们的能力来说，没有任何必然的联系。因为经过长期的斗争实践，他们已经变得相当老成和富有经验。

在费尔南多的观念里，之所以要成立这个党组织，是因为他想代表人们发出不一样的声音。当很多人问他为何不加入东帝汶"独立革命阵线"时，他是这样说的，在东帝汶的政治中，第一党则是东帝汶"独立革命阵线"。他觉得，他希望自己的国家被一个群体所统制。如果民主党也加入这个组织之后，那么他们将会成为一个极为多数的主导。这样的情况下，是很容易犯下错误的。印度尼西亚有一个现成的例子。是的，费尔南多认为，他们这个组织，有着活跃的思想，他们可能不是统一的。正是这种多样性，才会让国家不会固步自封。

虽然现在东帝汶可以说是处于相对稳定的状态，但是费尔南多觉得，有必要将印度尼西亚欠下的账算个清楚。他始终认为，印度尼西亚军队侵犯人权的那些行为必须通过法律或司法的程序，来让他们受到相应的处罚。

很多人都觉得费尔南多过于纠结于历史。但是在费尔南多和他们的战友们看来，这种理解是片面的，甚至是错误的。因为他带领民主党，开始积极和印度尼西亚保持良好的关系。他觉得，对于两个国家的平民百姓来说，谁都是无辜的受害者。他们之前的友谊，是有必要建立的。这种看法是非常理性的，但是仍然有很多东帝汶人不理解他的这种做法。

有一次，费尔南多出去散步，他准备坐车出发，这个时候有一个老人出现在他的面前。他头发花白，脸上布满深深的皱纹。费尔南多的身边有一个保镖陪着。他不明白这个老人站在自己的面前有何用意。老人却突然使劲朝着费尔南多吐了一口口水。保镖看到这种情况,把自己的枪对准了老人,老人此刻的心情却变得更加激动。他愤怒地说着:"为什么要和印度尼西亚发展关系!我的9个孩子,都死在了他们的屠刀之下。你不能体会我的这种痛苦,绝对不能向印度尼西亚军队妥协。"老人无力地瘫坐在地上。费尔南多让旁边的保镖放下手中的枪,然后意味深长地对他说:"我也和你一样,遭受过亲人离开的痛苦。那时候我只有12岁。当我回到家的时候,我看到士兵正在虐杀我的父亲。我的其他家人,早已经倒在了冰冷的土地上。我到现在都没有忘记这一切。和他们建立关系,并不是要遗忘过去的痛苦,该要回来的,我们还是会要回来。我会给你们讨回一个公道的,请您相信我。"老人听后,颤颤巍巍地走开了。

　　第二天,费尔南多公开发表演讲。什么是正义?所谓的正义,就是让那些参与犯罪的人员被带到法庭并受到应有的惩罚。而那些活下来的人,有权利知道是谁杀了自己的亲人。此外,对于那些家人不幸死去的人,最起码应该让他们知道,家人的遗体在哪里。这些犯罪的人必须知道自己行为的罪恶和应该付出的代价，并且承担相应的责任。

他的这次演说，赢得了很多人的支持和赞同。

2002年5月20日，东帝汶民主共和国正式成立。这个时候东帝汶的筹办工作也已经基本完善。夏纳纳·古斯芒成为东帝汶的第一位总统。2002年6月30日，东帝汶建国以来的首次议会选举，费尔南多被推选为议会议长。

费尔南多尽自己的最大力量，领导民主党积极开展工作，并且在努力争取总统选举。2007年4月，终于迎来了这样的机会，费尔南多成为总统大选的候选人。这次的总统候选人有8个，其中包括奥尔塔、古雷斯特和费尔南多。费尔南多以19.18%的得票率排在第三位。当天，50多万选民聚集在首都帝力。为了保证这次选举的顺利进行，联合国派3000多名人员为现场维护秩序和保证安全、公平。在选举被淘汰后，他表示支持奥尔塔。因为他觉得奥尔塔能够给东帝汶人民带来稳定和发展。也正是在那一年，奥尔塔成为继古斯芒后的新一任总统。

2008年2月11日，东帝汶总统若泽·拉莫斯·奥尔塔和总理若泽·亚历山大·夏纳纳·古斯芒的官邸先后遭到叛军袭击，奥尔塔腹部中弹受伤，他不得不停下自己手中的工作。费尔南多在 2 月 13 日至 4 月 17 日任代总统。他并没因为自己只是短暂地管理这个国家而放低对自己的要求。这是一种责任，一种对千千万万东帝汶人负责的态度。管理一个国家，可不是像以前领导运动和民主党的时候那样简单，这个时候的费尔南多变得更加繁忙。甚至他自己的孩子出生，也是在奥尔塔恢复健康回来后，他才知道。

通过两个月的时间，费尔南多再次认识到了情况的严峻和任务的艰巨。在东帝汶这个国家，半数以上的儿童因为饥饿而死亡，文盲率更是高达 60% 以上，大多数的农业生产，依靠的仍然是人力。他带领着民主党，不断地去民间调查人民的真实生活状况，向议会提供了一个又一个有建设性意义的建议。因此，费尔南多得到很多人的拥护。

由于一直忙于事业，费尔南多的婚姻出现了危机。她的妻子杰奎琳提出了离婚的要求。长距离的分离，他们再也没有了最初的心动，但是费尔南多积极挽回。2014 年，杰奎琳带着他们的儿子来到澳大利亚。即使在这种情况下，费尔南多仍然拒绝离婚。心力交瘁的他最终倒下了。在病床上,他仍然每天拜托他的朋友带给他关于东帝汶的最新消息,关心民主党的一些情况。医院竟然变成了他们的另一个会议场所。

这一天费尔南多的心情不错,他拿起来那本还是在中学时候读的哲学书,准备再读一遍。其实他早已把内容都背下来了,可是他还是喜欢一遍又一遍地翻看。他看着看着,却发现自己的眼睛有些模糊,他揉了又揉,还是无济于事。他意识到自己的病情再一次加重了。他没有惊慌,而是做出了一个决定:离开医院,剩下的日子,留给家人吧!他想:如果再不和家人说出自己的情况,自己的孩子也可能成为小时候的自己——连最后和家人道别的机会都没有。

杰奎琳回来了,他们一起生活在以前生活过的地方,又回到了雅加达那个曾经关押他们的监狱门口。费尔南多虚弱地喘着粗气。杰奎琳流着泪对他说:"如果你一直这样陪着我,也许今天我们的日子仍然像当初相识时那样,温馨而又甜蜜。"费尔南多说:"我知道,我亏欠你们太多了。这辈子我把自己留给国家,下辈子我一定把自己留给你们……"

那一年，费尔南多在病床上奄奄一息。他仿佛又看到那个下午，他放学回家。母亲早已把饭菜准备好，一家人围在那里，开始听他这个小老师讲课。

他闭上了眼睛，表情十分平静，他的年龄定格在 52 岁。很多人来参加他的葬礼，怀念这个把一生奉献给事业和国家的人。费尔南多虽然离开了，但是东帝汶人民永远不会忘记他。

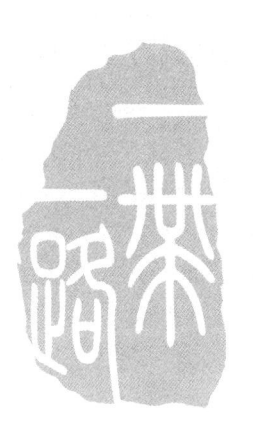

Chapter 08

实现国家的奥运梦
——玛丽娅·娜迪亚斯·西蒙纳

作为中国人,至今提到2008年的北京奥运会,我们总是无比的自豪。自豪的不仅是奥运会开幕式那精彩绝伦的演出,更是运动员们在赛场上不断拼搏的精神。不管这个国家的强弱、大小,在奥运会这个平台上,运动员依靠的始终是实力。在2008年的北京奥运会上,东帝汶只有一名运动员参加,她的名字叫做玛丽娅·娜迪亚斯·西蒙纳,她参加的项目是女子马拉松。

玛丽娅·娜迪亚斯·西蒙纳(1983—)出身于东帝汶一个贫苦的农家。2008年北京第29届夏季奥运会上,她是东帝汶代表团唯一的选手,完成了东帝汶代表团的奥运会梦想。

01 / 少年不识愁滋味

"又是一个女孩。"房间里传来了一声重重的叹息。对于玛丽娅的出生,家里人表现得并没有想象中的兴奋,反而掺杂了一种哀伤,只因为她是一个女孩。

孩子"哇哇"地哭着,妈妈艾米莉亚虚弱地躺在床上,父亲克劳迪奥看都没看孩子一眼,就出去抽烟了,只有那个不谙世事的姐姐达丽娅,好奇地看着她。

时间久了,达丽娅由于没人做饭,大哭了起来。父亲早已经到山上打猎去了。妈妈又刚刚生完孩子,有气无力地躺在床上,每一次翻身,都要喘息半天。她让小达丽娅自己试着做饭,因为她实在是无法站立起来。达丽娅才刚刚7岁呀,她还没有锅台高呢。家里的粮食所剩无几,只有院子里还未成熟的果子,达丽娅自己摘了几个果子吃,勉强填饱了肚子,躺在自己的床上睡着了。

父亲回来的时候,天已经黑了。今天他收获还算不少,此外他又钓了一条鱼。虽然是女孩,毕竟是自己的骨肉呀!经过一天慢慢的思考,他已经接受了这个事实。他终于走到了妻子身边,给了妻子一个安慰的亲吻,又用充满父爱的眼睛,看着这个刚刚出生的小婴儿,渐渐地露出了笑容。他抱起了在床上刚刚睡醒的达丽娅,然后开始为家人准备晚餐。

新生的女孩叫玛丽娅·娜迪亚斯·西蒙纳,渐渐地她开始学会了说话。母亲由于要去忙农活没有时间来陪她。姐姐呢，小小的年纪，就要开始学习做一些简单的劳作了。小小的玛丽娅有足够的时间留给自己。她还不会走路，可是不知道出于什么原因，她的脚和腿给人的感觉总是很有力量。夸张地说，什么东西一旦被她碰到，基本就成了废品。家人都称赞她结实有力的双腿。

日子总是过得太匆匆。玛丽娅已经5岁了。爸爸妈妈没有什么文化，而且，家里偏爱的重心再一次地转移。新出生的弟弟被家人视若珍宝，玛丽娅没人管，她索性就自己去山里。

此刻，正值夏季，太阳炙烤着大地，小玛丽娅才不懂什么天气炎热，她仍然跑了出来，来到秘密基地——一个小小的山洞里。她总是喜欢来这里，这里的温度总是那么适宜，她就在这里搬弄石头，用泥土和杂草制作"美味"……没有人打扰，没有人发现，没有人关心和偏爱她，只有她自己不知疲倦的快乐。

这一天，她一如既往地来到这里，却被眼前的景象惊呆了：山洞的墙壁上，被刻了一堆乱七八糟的东西，她以前制作的小东西下面，也都被画了一些花纹似的图片。而这一切，都是眼前这个穿着整齐的小男孩所做的。

小玛丽娅眼里充满愤怒："你在干什么？"

"写字！我写的是文字，这个是我们从小就要学的。我们刚刚来到这里不久，因为爸爸要来开采这里的资源，要在这里建造一个大大的工厂。你是我第一个认识的朋友。朋友，我可以这样称呼你吧？"

以后，无论天气如何，他们都相约在这个黑暗而又舒适的小山洞里见面。在这里，小玛丽娅的世界开始打开：她开始知道，原来世界上人们说出来的话是可以写出来的；原来，山的那边，还有海，海里面住着美丽的公主；原来白雪公主因为王子的拯救而复活；原来，大灰狼曾经吃了小红帽的奶奶……

这个新认识的小男孩叫布莱克，他给玛丽娅带来了外面的世界，而她，也越来越想去看看外面的大千世界。

她想要上学。但是，这怎么可能？在这样一个贫困的家庭。

有一天，她和爸爸说出这些想法，家人猜她一定是疯了。

> "一带一路"
> 列国人物传系

东帝汶8人传：追求自由之国

"我就要读书。"她坚定地说。"你想读，自己去努力，我是不会出一分钱的。"爸爸头也不抬。妈妈在一旁默默地叹着气。"靠自己就靠自己。"既然下定决心，就一定要给自己争口气。她开始了每天辛勤的劳作，帮助收割香蕉，去山上采摘可以卖的野果……总之，力所能及的事情，她都努力去做。小布莱克呢，也把自己的零花钱偷偷地攒起来给她。就这样，在她9岁的时候，她终于上学了。

布莱克说："你可以发挥自己的优势，去练些特长。"

"算了吧，我已经每天累得要死。我也没有钱去做那些事情了。"

布莱克鼓励她说："你的腿脚很有力量，脚步很稳，而且，你可以自己练习，就练你喜欢的。我们平时经常做的事情，跑步，你看如何？说不定，某一天，你会因为这腿脚而名扬天下呢！"

"没人会支持我的！"

"至少还有我！"

小玛丽娅盯着小布莱克，愣住了半天。因为有他，她的世界被点亮了。

02 少女初长成

渐渐地，玛丽娅长大了：棕黑色的皮肤，浓浓的眉毛，一双格外有神的大眼睛，加上长期的运动，更有一种健美的体魄。不能说漂亮，可是站在那里，总是有一种摄人的魅力。虽然，成天的劳作加上辛苦的学习和训练让她很累，但是，她一如既往地对生活充满着热情。她和布莱克的感情也越来越深厚。不过，此刻的他们，不知因为什么，有时候眼神竟然会在对视中莫名地停滞。而且，玛丽娅也开始不断回想着布莱克的身影：是呀！他再也不是那个总爱装作大人的小孩子了。他现在的身高，已经高了自己一个头。炯炯有神的大眼睛，高挺的鼻梁，黝黑的皮肤，健美的体魄。一天不见，都感觉很漫长。

两人见面的时间越来越少了。这又是夏天，这个夏天雨水特别多。他们又相聚在那个只属于他们两个人的小山洞。

"我可能要离开这里"，布莱克一脸的惆怅。

"哦。"

小布莱克的声音有些颤抖,他低下了头。"我不知道该如何向你道别。但是我无法选择。我们一家,就要搬到美国。我……"

"哦。"仍然又是低低的声音。她头也没抬,因为,她不能抬头,她怕看到他的脸,怕她会流出泪水,怕他会看穿自己喜欢他的那颗心。

"我期待,我们再次相见的日子",话还没有说完,布莱克的手机响了,他不得不离开了。因为,爸爸已经催了三四遍了。

布莱克头也没回地跑了出去:"我永远记得你,再见了。"

玛丽娅就这样,呆呆地站在那里。她只能望着他渐行渐远的身影……

这一年她刚刚成为一名高中生。她喜欢和数字有关的东西。因为她总在心里默默地记着布莱克离开的时间。他们没有联系。她现在所拥有的只是回忆。那些炎热的夏天,那些阴雨连绵的日子,那个相聚的幽暗小山洞里,那个第一次见面,现在几乎看不见的,在洞壁上曾经留下的种种痕迹。仿佛,他的身影仍旧在自己的身边:时而故作深沉,像个一本正经的大人；时而又跑又跳，像个顽皮的猴子。她现在终于敢于面对心里的那句埋藏已久的话：自己确实爱上了布莱克。

玛丽娅并不是一个只知道谈情说爱的小姑娘，除此之外，她还有一颗火热的爱国之心。从初中开始，她就亲眼见证了东帝汶人民的苦难生活。而她作为这其中的一员，更是深有体会。家里没钱买电视，于是几家人合买一台，放在处于中间位置的一家，然后几家人一起看电视。由于生活的地方比较偏远，电的供应不是很充足，所以他们格外珍惜看电视的机会。其中有一个大家共同喜欢的节目，那就是国家新闻。通过看这些电视节目，玛丽娅了解到，这个时候的国家处于非常时期。很多人为了争取国家独立而不停地奋斗着，很多人为此失去了宝贵的生命。在东帝汶的很多地区，有好多人生活的条件很差，更重要的是很不太平，因为印度尼西亚士兵在进行着残酷的杀戮。由于玛丽娅家乡的村庄非常偏僻，所以这些灾难没有降临在他们身边，可是玛丽娅并没有因为这件事情远离自己而漠不关心。她暗下决心，一定要通过自己的努力，为国家争光。

高三这一年，学校举行了运动会，玛丽娅报名参加了长跑项目比赛。但是，同学们都一边倒地支持她的同学瓦莎。瓦莎是一个经过专业训练的美丽女孩，她的长跑成绩很优秀，是这个地区的长跑成绩纪录保持者。而玛丽娅，同学们只知道，她每天很忙，学业成绩还不错，但体育运动的成绩从来没听过，更没见过。

比赛那天，同学们都给瓦莎呐喊、加油。当瓦莎站在起跑线上时，每个人都被她所吸引。她一头乌黑浓密的卷发，古铜色的皮肤，俊俏的脸庞，优美而又挺拔的身体曲线。她傲慢地站在那里，而玛丽娅一如既往地平静。

玛丽娅没有因为没有人支持而沮丧。"至少还有我"，这句话时时萦绕在耳旁。她想着国家，想着布莱克。

这次赛道，选在很平坦的道路上。玛丽娅平时总是自己在山上跑，这次换成了平地，当然显得异常轻松。她毫不费力地跑了第一名，而且，居然领先瓦莎20分。也就是说，她打破了该区长跑运动的纪录。同学们都惊呆了，学校领导也很吃惊。他们没想到，学校里还隐藏着一名长跑健将。就这样，玛丽娅声名远播，她的名字被人吹捧，一下子火了起来。

学校把她推荐给了国家的训练队。从此以后,她的任务更为繁重了。除了上课外,她每周还要有两天的时间去参加国家队的训练。

玛丽娅打电话把这个振奋人心的消息告诉了布莱克。布莱克知道后非常为她高兴。

03 / 榜样的力量

2000年,悉尼奥运会如期举行。传来了一个令东帝汶人都兴奋的消息:玛丽娅的前辈阿玛拉尔克服了种种困难,终于站在了女子马拉松的起跑线上。她跑的每一步,都牵动着整个东帝汶人的心。她是东帝汶人民的骄傲!终于,经过短暂而又漫长的3小时10分后,阿玛拉尔克跑到了终点,全场都沸腾起来了。在场的很多人,也都留下了激动的泪水!尽管在这次比赛中,阿玛拉尔是倒数第3个跑完的选手,但是她仍然令人骄傲,令人钦佩。

这一年,玛丽娅在上中学,当她看到这一幕时,整个人呆在了那里。甚至,都没有察觉出,自己的泪水已经浸湿了两边的头发。阿玛拉尔实在是太了不起了!她是我们民族的骄傲!而我呢,我什么时候能够同样地站在奥运会那个美丽的起跑线上,享受那在奥运会上飞翔的感觉?从此,她的决心更为坚定。玛丽娅曾说:"阿玛拉尔是我尊敬的运动员。我喜欢这个项目,也受到了她的影响。"

训练一天比一天繁重,玛丽娅的学业也并没有因此而荒废。终于,展现自己的机会来了。

2002年,亚运会在韩国釜山举行。而在这次运动会之前,国家要选拔出代表国家参加马拉松比赛的运动员。玛丽娅将自己的想法告诉了远在美国的布莱克。

"你记住,无论你的选择是什么,至少还有我,一直在支持你。"家人现在都已经因为玛丽娅而骄傲了。爸爸早已经承认:玛丽娅确实比他的儿子更令人骄傲。

而此时,玛丽娅遇到了一个十分强劲的对手:西亚。一个健壮得像牛一样的姑娘。她实在是令人敬佩。她仿佛不知疲倦,无时无刻不在运动,她练出了一身结实的肌肉。

她成绩突出，训练的时候，甚至拿出了几乎和阿玛拉尔一样的成绩！

但是，没有什么能让如此倔强的玛丽娅低下头。从此，她练习得更为刻苦。阴天下雨也总是努力地向着目标努力。有时候会累了，倦了，可是，每当想起布莱克的那句话，想起那双期待的眼神，想起阿玛拉尔那在跑道上的飒爽英姿，她都会为之振奋，为之兴奋得不能自己。

这一天，终于迎来比赛。她还是有些没有底气，忐忑不安地站在那里，也许，自己真的没有希望。不过，为之放手一搏，就已经足够了。毕竟，自己已经努力过了。然而，尽管这样想着，她还是有些慌乱，不知所措。就在她低下头的那一刻，恍惚间，一个曾经熟悉的身影，出现在她的眼前：布莱克？她不敢相信自己的眼睛！那个让自己日思夜想的布莱克，那个总是用声音来交流的布莱克，此刻，就站在自己的眼前！她激动得不能说话了；心里因为比赛而带来的紧张，此刻也不再那样咄咄逼人。比赛马上就要开始，她和布莱克相视一笑。"我在终点等你。"布莱克用手势告诉玛丽娅。

比赛开始了，路程异常的漫长。1个小时后，玛丽娅已经把大多数的对手甩在了身后。她的前面现在有5个人。此刻，她开始有些疲倦了，每一步，都变得更为沉重。这时候，她突然想起了阿玛拉尔的话来："每当我觉得快要跑不动的时候，我就会把漫长的赛道划分为一个个的小目标。下次我的目标可能在那个远处赛道的拐角处，下次可能在另一个地方。"于是，她也把自己的跑道分解成了一个一个的小目标，她忽然惊喜地发现：在实现这一个一个的小目标后，布莱克的身影已经越来越清晰，直到她累瘫在他的怀里。就这样，玛丽娅成为亚运会国家代表团中的一名运动员。

玛丽娅真的就要出发了。这一天，她收拾好行李，准备向釜山出发。这一刻，她和布莱克又要再次告别了。

2002年5月，东帝汶终于从印度尼西亚统治下独立，并且成为21世纪诞生的第一个新国家。4个春秋后，他们派出了包括24名运动员在内的代表团首次出征国际大型运动会，参加在釜山举办的第14届亚运会。

出发前，东帝汶的领导人对代表团的成员们说："我并不期望你们在这次运动会夺取奖牌,但是,尽力而为还不够,一定要竭尽全力。我国的体育事业现在还处于一个发展阶段,我相信你们,无论成功与否,你们都是东帝汶的骄傲!"

就这样,东帝汶选手在釜山亚运会上参加了拳击、羽毛球、乒乓球、举重、跆拳道、空手道、自行车和田径的比赛。在釜山亚运会期间,东帝汶还成为亚奥理事会新的正式会员。

比赛如火如荼地进行着。玛丽娅发挥了自己正常的水平,一切还算顺利。比赛结束后,她再次回到了祖国的怀抱。而她眼前所面对的更为艰巨的任务是完成自己的学业。

如果说体育训练是痛苦的,那么脑力劳动应该更让人抓狂。剩下的时间,她不得不先暂停训练,来抓紧时间考虑一下自己的学业了。远方的布莱克传来消息,他如愿地考上了播音主持的专业,他说他会在奥运会的赛场上,报道一场只属于玛丽娅的比赛。玛丽娅听得泪流满面。

从此,玛丽娅的身影只出现在三个地方:教室、图书馆和宿舍。

经过一年的努力,她考上了金融专业,家人非常高兴,拿出全家的积蓄供她上学。

终于有了时间，去好好体会外面的世界了。她迫不及待地坐上去美国的飞机，要给布莱克一个大大的惊喜。布莱克带她去领略了一番美国的风景。辗转之间，他们流连于美国的各大名胜古迹之间，与其说风景让他们沉醉，不如说他们更沉醉于彼此相互依偎的感觉。那是一种平凡中的小浪漫，一种彼此间虽然相隔千里，仍旧不离不弃的坚贞。

04 至少还有我

2008 年，在中国北京举行奥运会。幸运之神再次降临在玛丽娅身上。她成为了东帝汶代表团仅有的 1 名运动员，但是她坚信"参加体育是用心来拼搏，最重要的是参与"。

这次与她一起出发的，还有布莱克。果然，他兑现了自己的诺言。第一次来到北京，她被眼前的景色所吸引。她来到北京的第一个地方就是"鸟巢"。她被眼前这壮观的建筑所吸引了。

"开幕式那天我进了'鸟巢',这大概是世界上最棒的体育场了。"在奥运村门口,一位记者偶遇玛丽娅·娜迪亚斯·西蒙纳,作为东帝汶代表团唯一的选手,她参加的项目是女子马拉松。"这是我第一次来北京,我非常喜欢这里,是的,我已经不知道该如何形容我对鸟巢的喜爱了。"

来了北京之后,怎能够不去故宫看看?一站在故宫面前,她就被这庄严的宫殿给震慑了。进入宫门之后,走在青石板道上,看着地上有些已经变得不再平坦的地面,她感悟着岁月的沧桑与变迁。

放松过后,紧张而又激烈的比赛即将到来了。玛丽娅心中,除了自豪,更有骄傲。在此之前,她在东帝汶或者巴厘岛训练,两个多月前,她接到了国际奥委会的外卡,告诉她可以参加北京奥运会了。这个大大的惊喜,至今让她激动不已。

开幕式开始了。当奥运会圣火被点燃的那一刻,她的心也跟着沸腾了。紧接着是奥运会运动员入场。在入场的那一刻,玛丽娅举着自己国家的国旗缓缓入场。她想着曾经的场景:那是在2000年悉尼奥运会的时候,自己国家代表团前面的国旗还是联合国的旗帜，她代表的是一个区域，而现在自己前面飘着的是有着白色五角星的国旗！她激动得想要哭了。她使劲地克制自己不要失态，在这么庄重的场合，一言一行都代表着国家。更让她激动的是，比赛那天，布莱克果真亲自为她进行了报道。

2008年8月17日上午7时30分，25岁的玛丽娅·娜迪亚斯·西蒙纳站在北京奥运会女子马拉松比赛的起跑线上，背负着整个国家的期望。

玛丽娅在大学里是学习金融专业的学生。她每天训练两次。为了备战奥运会，她还向学校请了假，全身心投入训练。"玛丽娅在澳大利亚举行的一次比赛中取得过胜利，她是我们的骄傲。"格拉斯格朗团长曾经骄傲地说。而玛丽娅自己反倒有些不好意思："那只是一个很小的比赛。我现在的成绩在3小时左右，虽然这和最好的运动员还有很大差距，但我会不断努力的。至少还有我，这已经足够了。"在北京奥运会的比赛中，她虽然没有取得奖牌，但也没有气馁。玛丽娅说："马拉松是我的兴趣，能够代表自己的国家参赛，这让我非常自豪。"

在这条路上,玛丽娅已经不能停下来了,她一直在思考,怎么让漫长的道路变得更加有意义。从她出生开始,家里人并不是很喜欢她,因为她是个女孩。这在他们那个偏僻而又穷困的山区里,是很常见的现象。然而,她并没有因此而放弃自己。人生的路,更多的时候是要自己去努力争取的。现在的玛丽娅,已经很大程度上证明了自己,但是,这些都还不够。玛丽娅要再次为祖国而战。经历了种种比赛,祖国已经开始强大起来。玛丽娅爱她的国家,她也要为国争光,并为之终生奋斗!

后　记

"一带一路"相关国家众多，代表性人物众多，为中外交好、民心相通作出杰出贡献的人士众多。因此，为"一带一路"璀璨群星立传，既使命光荣，又责任重大。在这项浩大工程的策划、组织、执行过程中，有许许多多的志士参加了有关传主的名单征集和审定，以及写作、翻译、审读、编辑、出版、筹资、联络等繁重而琐细的工作。所有参与的人员，以拳拳报国之心、尽深厚学养之力，克服了时间紧、任务重、要求高、压力大等诸多困难与挑战，最终圆满完成了任务。在本书付梓之际，丛书编委会特向参与本项目的全体同志致以崇高敬意和衷心感谢！

同时特别需要鸣谢的是，提出策划并领导实施此项目的中国传记文学学会会长王丽，基于长期法律实务经验和担任"一带一路服务机制"主席职务的便利，她对相关国

后记

家和走出去的"一带一路建设者"以及广大青少年的需求了解真切,提出应当为他们写一套介绍各国典型人物的简明易读的传记,为他们提供健康的精神食粮。她把这项"额外"的工作当成了事业,不惜四处奔走筹集经费、苦口婆心招揽作者、精心挑选传主名录、夙夜青灯挥笔写作、近乎偏执逐字推敲、亲力亲为呕心沥血。面对如此浩大的出版项目和繁重的出版任务,中国出版集团华文出版社、中联部当代世界出版社、五洲传播出版社三家出版社携手毅然承担了出版任务,努力将该传系图书列入国家的重点出版工程,以高质量的编辑和装帧,确保了这套百卷丛书的国家级水平。在此,我们特向这三家出版社的相关领导和编辑们致以崇高敬意和衷心感谢!

尤其让我们感动的是,在项目执行过程中,一些富有家国情怀的民间商会和企业家的慷慨解囊,虽不足以支撑项目的全部费用,但是他们所表现出的热心和支持,让我们坚定了走下去的信心和决心,特向他们的拳拳报国之心和慷慨无私帮助致以崇高敬意和衷心感谢!

一项伟大的事业,离不开许多默默无闻的奉献者。在本传系的组织、编写、出版过程中，有历史、文学、科研、外交、教育、法律、翻译、出版等领域的数百位专业人士参与，恕不能在此处一一详列。需要特别提出的是，鞠思佳、李华华、景峰等同志为组织联络、搜集资料到处奔波而毫无怨言，唐得阳、唐岫敏、白明亮、谭笑、曹越等同志在编写、翻译和编辑、校对过程中的细致与负责让我们感动，赵实、胡占凡、高明光、吴尚之、刘尚军、李岩、王灵桂、李永全、陈晓明、许正明、宋志军、丁云、关宏等同志睿智的指点和专业的帮助让我们避免了许多弯路。在此，我们特向以上各位同志致以崇高敬意和衷心感谢！

当然，由于我们水平所限，本丛书难免有某些不尽如人意和瑕疵之处，敬请学界专家和各位读者不吝赐教，我们将在作品再版之时吸收完善。在此，我们也向各位读者提前表示崇高敬意和深深感谢！

"'一带一路'列国人物传系"编委会

2023 年 3 月 28 日